VIRGINIE KZL

JE VAIS BIEN, PLEURE PAS, Maman

Virginie KZL

Nouvelle
Je vais bien, pleure pas, maman

Couverture et illustrations : Clément Cazal /
Virginie Cazal / Canva

ISBN : 978-2-9556301-8-1

Dépôt légal : Mars 2023

VKZL Stories

« *La différence est une beauté qu'il faut
apprendre à voir.* »
Ingrid Naour

« *Les grandes personnes ne comprennent
jamais rien toutes seules, et c'est fatigant, pour
les enfants, de toujours et toujours leur donner
des explications.* »
Antoine de Saint-Exupéry - Le Petit Prince

« *L'autisme n'est pas une déficience mais une
différence. Le refus de la différence est une
déficience.* »
Hilde de Clercq

Avertissement

Ce livre aborde des sujets difficiles tels que le suicide, le handicap, la perte d'estime de soi, la dépression.

Son contenu peut être difficile à lire.

*Pour William, mon petit garçon exceptionnel.
Ne change rien, ma caille !*

*Pour tous les petits enfants TSA… et aussi pour
les grands.*

*Pour tous les futurs parents qui n'ont pas
encore lu le mode d'emploi, ceux qui se sentent
largués et aussi pour ceux qui sont en
détresse… Vous n'êtes pas seuls !*

Autisme

Trouble du neurodéveloppement aux caractéristiques variant d'un individu à un autre.

Il se manifeste entre autres par une altération de la communication et des interactions sociales, par des intérêts restreints et répétitifs.

On parle alors de TSA (Trouble du Spectre Autistique) car chaque personne se situe à un degré différent de ce spectre au niveau cognitif, sensoriel, relationnel et communicationnel.

L'autisme n'est pas une maladie et ne se guérit pas, mais les troubles peuvent amplifier ou être atténués. C'est une particularité qui permet d'avoir une autre vision du monde et entraîne un autre mode de pensée.

Quelle que soit la sévérité du handicap, il existe des méthodes qui permettent aux enfants et aux adultes de progresser.

Ce livre, je l'écris avec mon cœur de maman. Cette histoire c'est la mienne avec ses moments de bonheur et de chagrin.

Je n'utiliserai pas de grands mots, pas de fioritures.

À travers ce récit, j'ai voulu évoquer mon désir d'enfant, les difficultés que j'ai rencontrées pour tomber enceinte et la découverte de la parentalité.
Parce que la naissance d'un enfant, c'est aussi la naissance d'une mère ou d'un père.
Elle peut être ressentie comme un énorme bouleversement car on passe du statut de jeune

femme ou de jeune homme à celui de jeune parent.

Si chez certains couples tout se passe très bien, chez d'autres, cette transition peut parfois être mal vécue et être brutale.

Ce livre, c'est aussi ma façon à moi de parler de ce sujet qui me tient à cœur : l'autisme. Puisque mon petit garçon de 4 ans a été diagnostiqué TSA[1], je me devais d'écrire ces mots pour lui et pour les autres...

J'écris tout d'abord dans un but informatif. Car à mon sens, c'est encore un sujet tabou pour certaines personnes et peu évoqué alors qu'il est important et mériterait que l'on s'y attarde.

Beaucoup de personnes ne savent pas ce qu'est l'autisme ou sont mal informées.

Je tenterai d'expliquer ce qu'est ce handicap, parfois invisible, qui peut toucher n'importe lequel d'entre nous, petit ou grand.

C'est également ma façon d'aider les parents qui, comme moi, se sont sentis abandonnés à un moment de leur vie ou qui se sentent encore délaissés ou incompris.

Attention, je tiens à préciser que je ne suis pas un professionnel de santé, je n'ai aucune connaissance scientifique.

---

[1] Trouble du spectre autistique

Mais en faisant ma propre analyse à travers mon vécu de maman, en observant chaque jour le comportement de mon fils et en tenant régulièrement un cahier me permettant de noter ses difficultés ou ses progrès, j'essaierai de donner quelques pistes, quelques conseils qui pourront aider chacun à percevoir l'autisme différemment.

Ce n'est pas facile d'aborder ce sujet sans avoir un petit pincement au cœur car j'ai vécu quatre ans de doutes et d'incertitude avant de pouvoir être fixée et d'en parler ouvertement. Maintenant que le diagnostic a été posé, je veux raconter mon expérience et un petit bout de ma vie de maman à travers l'écriture.

Je n'ai pas l'intention de blesser quiconque. Je veux juste témoigner de ce que j'ai vécu pendant ces quatre dernières années. Parfois incomprise, je veux parler de cette blessure enfouie qui est malheureusement loin d'être cicatrisée...

Certains passages n'ont pas été faciles à revivre et j'ai parfois écrit ce récit avec une vive émotion, mais je crois que cela était nécessaire afin de décrire ce que j'ai pu ressentir sur le moment.

Je suis presque sûre que certains lecteurs, parents ou futurs parents, se reconnaîtront à travers ces mots et je souhaite leur témoigner tout mon soutien.

1

Depuis mes plus lointains souvenirs, j'ai toujours voulu devenir mère.
Ayant eu une adolescence compliquée, j'avais souvent eu le souhait de m'en sortir et de repartir de zéro. Je voulais ne plus jamais revivre ce que j'avais vécu.
Comme toutes les jeunes filles, j'ai toujours rêvé de rencontrer le prince charmant, de me marier, d'avoir une maison, un jardin, des enfants, un chien.
J'ai toujours rêvé de construire cette famille parfaite qui me manquait tant plus jeune.
Des années plus tard, mon souhait fut exaucé...

Comme beaucoup de jeunes filles qui rêvaient de trouver leur âme sœur, mon tour arriva enfin.

Après notre rencontre en 2013, nous avons décidé de nous unir le 5 septembre 2015 et depuis ce jour, je ne rêvais que de construire ma propre famille.

À mes yeux, mon mariage fut digne d'un conte de fées. Et malgré quelques imprévus, je peux dire que j'étais comblée.

Le soir même, pendant la nuit de noces, dans notre chambre d'hôtel, je décidai d'arrêter ma pilule car depuis notre rencontre, nous étions prêts à avoir un enfant.

Mais cette nuit-là, j'étais loin d'imaginer que ce projet bébé deviendrait un véritable parcours du combattant...

Pendant des mois et des mois, bébé refusait de pointer le bout de son nez.

J'ai tout de suite pensé que cela était psychologique car à l'époque, même si nous travaillions tous les deux, notre situation ne nous permettait pas de vivre comme nous l'avions espéré.

Nous vivions dans un studio de 29 m² dans les Yvelines. Et même avec mon salaire d'environ 1 500 € en CDI et le salaire de 1 300 € de mon époux, cela ne suffisait pas pour obtenir un logement plus grand en région parisienne... Les conditions pour obtenir un logement étaient incroyables (demande de garants, salaires supérieurs à 3 fois le montant du loyer et autres garanties…) et pour obtenir un logement social, il fallait patienter au moins 10 ans avant de pouvoir se voir en attribuer un.

Côté travail, ce n'était pas mieux… J'étais employée dans l'administration publique et fus plusieurs fois en arrêt de travail pour burn-out à cause d'une cheffe tyrannique désagréable qui n'hésitait pas à abuser de son autorité sur ses agents.

Il était certain que dans des conditions pareilles, je n'étais pas prête à accueillir un enfant. Mais pourtant, je le souhaitais de tout mon cœur et de toutes mes forces.

Désespérés, nous avions envisagé une fécondation in vitro au bout de deux ans, et après un premier rendez-vous chez un gynécologue en ville, nous étions prêts à nous lancer dans cette aventure bébé.

Cette épreuve était un véritable calvaire pour moi en tant que femme car chaque jour, je croisais dans la rue – dans les magasins, dans les transports en commun ou autres – des futures mamans, alors que moi je n'y arrivais pas ! Je me maudissais, j'avais si honte de moi, je ne comprenais pas pourquoi je n'y arrivais pas. Pourquoi les autres et pas moi ?

D'ailleurs, je me disais souvent que certaines personnes ne méritaient pas leurs enfants, que je ferais une bien meilleure maman.

Plus jeune, à 19 ans, j'avais subi une IVG[2] car, traversant une période compliquée, je ne voulais pas que cet enfant grandisse dans de mauvaises conditions.

Alors, étant croyante, je m'étais tout de suite imaginé que le bon Dieu voulait « me punir ». J'étais persuadée que c'était ma punition et que je ne pourrais plus jamais avoir d'enfant.

Il fallait dire aussi que je n'étais pas vraiment aidée par mon entourage...
J'eus droit un jour à une remarque désobligeante d'une personne de la famille qui ne se rendait certainement pas compte de mon mal-être à cette époque. Pourtant, tout le monde savait les difficultés que j'avais pour tomber enceinte.
Et plus tard, cette même personne tomba enceinte en même temps qu'un autre membre de la famille alors que moi je n'y arrivais toujours pas...
À croire que cela était fait exprès ! J'étais très heureuse pour elles, mais j'enrageais intérieurement.
Et à l'annonce de ces deux grossesses, c'en était trop !

---

[2] Interruption volontaire de grossesse

C'était peut-être impulsif ou exagéré de ma part, mais la remarque suivante me persuada de couper les ponts à tout jamais... : « Eh bah alors, Louloute[3], t'as loupé le train ? »

J'étais peut-être stupide, mais ce genre de remarque me blessa profondément. Peut-être que la dépression y était pour beaucoup, mais je ne l'acceptais pas. Je n'étais pas prête à entendre cela.

Et puis un jour, sur un coup de tête, nous avons décidé de changer de vie... Nous ne pouvions continuer ainsi.
Le stress de la région parisienne, ma dépression, ce logement trop petit, mon emploi, la longue période de chômage de mon mari suite à son emploi en CDD qui avait pris fin (et une promesse d'embauche foireuse en CDI de la part de son employeur de l'époque qui n'a jamais vue le jour), bébé qui n'arrivait pas... L'envie de changer d'air s'est très vite fait ressentir.
Nous avons tout quitté pour nous rapprocher de ma famille en Bourgogne.

En 2017, après une demande de mutation, nous avons emménagé dans une ville située à quelques kilomètres de Dijon.
Même si j'avais rétrogradé d'un niveau dans mon travail car j'avais dû postuler à un poste

---

d'un niveau inférieur, j'avais tout de même retrouvé un travail qui me plaisait, une bonne ambiance. Et surtout, nous avions enfin pu obtenir un immense appartement de 87 m² en logement social en une semaine ! C'était tout de même inédit pour nous. Un véritable record ! Passer d'un 29 m² à un appartement aussi grand.
Nous avons emménagé au mois d'avril 2017. Tout semblait s'être débloqué et nous pouvions enfin envisager l'avenir. Cependant, bébé ne montrait toujours pas le bout de son nez...

Décidés à reprendre le projet bébé que nous avions entrepris, nous avons pris rendez-vous au CHU de Dijon afin de poursuivre la fécondation in vitro et là, alors que je n'y croyais plus, le miracle se produisit...

2

Le 11 décembre 2017 vers 5 h du matin, après un énième test de grossesse, nous apprenions que bébé était enfin là ! La prise de sang confirma le résultat plus tard.

Ce matin-là, je n'ai jamais autant pleuré de ma vie car mon petit miracle s'était produit. Après 2 ans et demi d'attente, j'allais enfin devenir maman ! Ce que j'espérais plus que tout. J'étais la femme la plus heureuse de ce monde et mon mari aussi partageait ma joie et mes pleurs.

Je ne perdis pas une minute. En quelques jours, je préparai déjà l'arrivée de bébé alors que je venais d'apprendre la nouvelle.

Je m'étais occupée de sa chambre, ses meubles, la décoration, ses vêtements, ses accessoires et

tout ce dont un bébé pouvait avoir besoin. Tout était déjà prévu des mois à l'avance.
Je n'omettais aucun détail. Et je suivais scrupuleusement la liste de tout ce que j'avais prévu avant l'arrivée de bébé : shooting photo, belly painting, journal de grossesse, photos de l'évolution de mon ventre au fil des mois...

J'eus une grossesse de rêve. Jamais je n'ai été malade. Tout se passait à merveille, seulement je remarquai très vite l'indifférence des gens face à ma situation.
Dans les transports en commun, personne ne me laissait sa place pour m'asseoir.
Au supermarché, même en caisse prioritaire, les gens tentaient de me passer devant.
Une fois, j'eus même une altercation avec une personnage âgée désagréable. L'agent de sécurité du magasin vint s'en mêler et n'avait soi-disant pas remarqué mon ventre rond, étant déjà ronde. Il me demanda de laisser passer cette personne car elle était prioritaire. Je ne refusais pas de laisser passer cette personne âgée, mais je ne pouvais me taire...
Je pus aussitôt lui justifier ma grossesse en soulevant mon t-shirt et en montrant le jean avec bandeau que je portais et, furieuse, je lui demandai s'il souhaitait voir mes sous-vêtements de grossesse !

Son visage se décomposa. J'étais pourtant à 7 mois de grossesse. Il faut croire que mon ventre de femme enceinte ne se voyait pas assez pour certains...

Le vigile s'excusa et la personne âgée attendit sagement son tour.

Malheureusement, ce genre de scène arrivait très souvent et, à force, pour éviter de rentrer dans des colères noires – car j'avais beaucoup de mal à accepter l'égoïsme des gens – j'évitais de sortir et préférais rester chez moi.

Tout comme les personnes handicapées qui possèdent une carte, je n'ai jamais compris pourquoi cela n'avait pas été mis en place pour les femmes enceintes. Cela aurait évité ce genre de désagrément...

Si la grossesse s'était parfaitement déroulée, je ne pouvais pas dire que cela avait été grâce à l'intervention des professionnels de santé, car cela avait été tout le contraire...

J'étais suivie par une gynécologue qui semblait plus intéressée par son argent que par son métier... Les consultations furent très expéditives et à chaque fois, avec mon époux, nous avions l'impression de déranger. J'avais déjà plusieurs kilos en trop, mais lorsqu'elle apprit dès les premiers mois que je faisais du diabète de grossesse, elle me fit culpabiliser au point que je ne mangeais plus ! Et j'eus droit à une remarque qui me poursuivit jusqu'à mon terme : « Arrêtez de manger sinon vous allez tuer votre bébé ! »

En tout, je pris 8 kilos pendant cette grossesse du premier au neuvième mois. Parfois, c'était très dur, mais je me privais pour que ce petit bébé grandisse et naisse en pleine santé.

Je me souviens aussi que je servais de psychologue à la sage-femme qui me prenait également en charge... Au lieu de m'apprendre à respirer et préparer ma grossesse, elle passait son temps à me raconter sa vie et ses ébats amoureux...

Quatre ans plus tard, je ne saurais dire ce qu'est une contraction et quand elles se produisent car on ne m'a jamais appris à les détecter...

J'eus aussi la chance de tomber sur une endocrinologue qui, sans avoir vu de résultats sanguins, décida de me mettre sous insuline directement ! La consultation dura pratiquement 10 minutes et j'étais déjà dehors. Une chose est sûre, elle ne me revit plus !

Mon grand regret fut de ne pas avoir dit STOP dès le début. J'aurais dû changer de spécialistes et faire en sorte d'être mieux entourée pour cette première grossesse.

Mon conseil aux futurs parents... Si à un moment vous vous sentez mal entouré ou mal conseillé, fuyez ! Ne faites pas comme moi, n'attendez pas, surtout si c'est votre premier enfant. L'accompagnement est vraiment primordial pour se sentir bien.

3

$\mathcal{L}$e 15 août 2018, les contractions se déclenchèrent vers 17 h 30. À 20 h 15, j'appelai l'hôpital pour leur décrire mon état. Selon eux, il était encore trop tôt. On me conseilla un Doliprane et deux Spasfon pour calmer les douleurs.

Le 16 août 2018, j'eus des contractions toute la journée. La douleur était insupportable. Je rappelai l'hôpital à 23 h. Une sage-femme me préconisa de reprendre les mêmes médicaments, mais cela ne suffit pas...

Quelques heures plus tard, le 17 août, nous arrivions à la maternité à 1 h 50. On installa le monitoring et posa ma péridurale. Heureusement pour moi, je tombai sur des sages-femmes adorables qui furent d'une grande aide pendant tout l'accouchement. Sauf celle qui me suivait pendant ma grossesse et qui semblait ravie de faire son métier...

À 10 h, la poche des eaux fut rompue à 8 cm de l'ouverture du col.

Visiblement, bébé se faisait désirer...

Le médecin et les sages-femmes attendirent le dernier moment. À quelques minutes près, je passais au bloc pour une césarienne. Mais malgré cela, ils tentèrent un accouchement par voie basse.

L'accouchement fut déclenché à 20 h.

Je luttai pour mettre au monde cet enfant. Je ne sentais pas les contractions car la péridurale avait été posée trop tôt pour m'éviter d'avoir mal et je ne les ressentais plus. Mais à un moment, le produit se dissipa. La sage-femme me demanda de pousser et de bloquer ma respiration, mais je ne savais pas ce qu'était une contraction... Alors en pleurs, je lui dis que je ne savais pas faire, que la sage-femme qui m'avait suivie pendant ma grossesse ne m'avait pas montré ce que je devais faire. La panique s'installa très rapidement.

Elle me rassura et me demanda de la laisser faire. Et à chaque fois, elle me disait ce que je devais faire. Je ne remercierai jamais assez cette femme qui fut une véritable coach sportive pendant cette épreuve.

Et j'aurais clairement préféré qu'elle m'accouche plutôt que le médecin qui était présent ce soir-là…

Malheureusement, le supplice ne s'arrêta pas là car le bébé ne sortait pas et à bout de force, je n'arrivais plus à pousser.

Le médecin utilisa un Kiwi, une sorte de ventouse, mais celle-ci avait été mal fixée. En tirant de toutes ses forces, je crus qu'il avait arraché la tête de mon bébé.

Il dut lui-même avoir sacrément peur et ne renouvela pas l'opération…

Je suppliais pour qu'on m'aide à le faire sortir. Je suppliais en pleurs pour passer au bloc et qu'on me fasse cette fichue césarienne qui était prévue. Je n'y arrivais plus.

Mais mes plaintes furent sûrement mal perçues par le gynécologue qui était de garde ce soir-là et il me fit bien remarquer que je commençais à l'agacer…

« Allons, madame Cazal, ne soyez pas égoïste. Pensez à votre bébé ! » me dit-il exaspéré.

Après une souffrance insurmontable, à 20 h 22, je mis au monde ce petit garçon que nous décidâmes de prénommer William.

À cet instant, le peu de force que j'avais encore m'abandonna. Ma main glissa dans celle de mon mari et je fermai les yeux. Le plus dur était enfin passé…

Mon mari crut que je m'étais évanouie. Il eut très peur et m'appela. J'ouvris les yeux. Malgré la douleur, j'avais réussi.

Papa n'avait pas pu couper le cordon ombilical car le médecin ne voulait pas qu'il le fasse. Ce fut une déception aussi bien pour le papa que pour moi car nous avions déjà envisagé ce moment.

Et William avait sûrement entendu les paroles de ce médecin désagréable... Car en sortant du ventre, il déféqua sur la blouse du gynécologue, histoire de venger sa petite maman qui avait bien souffert en le mettant au monde.

Les soignants l'emmenèrent pour une petite toilette, le temps que le placenta soit expulsé et que le gynécologue me fasse quelques points.

Quelques secondes plus tard, je repris mes esprits, et appris qu'il était né avec le cordon ombilical autour du cou.

Il fut ensuite posé sur moi afin que nous puissions faire un peau à peau. Papa n'y avait toujours pas droit...

Je ne pouvais m'empêcher de pleurer à nouveau en faisant connaissance avec cette petite merveille. Je n'oublierai jamais son regard. Il avait les yeux grand ouverts et ne cessait de me fixer.

Le soir venu, le papa ne put dormir avec nous car à cause d'un manque de place, je me retrouvai dans une chambre avec une autre maman alors qu'il était prévu depuis des mois que je bénéficierais d'une chambre individuelle. Il fut même mis à la porte un peu précipitamment alors que l'autre maman avait droit à de la visite...

Pendant la nuit, William se mit à pleurer. Je ne savais pas comment lui donner la tétée. Je souhaitais l'allaiter de toutes mes forces, mais j'avais bien trop peu de lait.

J'appelai la sage-femme au milieu de la nuit et elle me montra une première fois comment positionner mon sein.

La seconde fois, je dus l'ennuyer. Elle me rapporta des petits biberons déjà prêts à l'usage alors que je refusais ce mode d'allaitement, et me dit de lui donner. J'étais très contrariée car je souhaitais allaiter.

En pleine nuit, William se réveilla à nouveau et je ne savais toujours pas quoi faire. La sage-femme ne revint pas, alors j'improvisai.

Je saisis une tétine dans le sac d'affaires de William et je lui mis en bouche. Il se tut instantanément et se rendormit.

Le lendemain, lors de la visite du pédiatre, William faisait une jaunisse. On me conseilla de le placer près de la fenêtre afin qu'il puisse bénéficier des rayons du soleil. Cela ne dura pas très longtemps.

Celui-ci me fit aussi remarquer que les testicules de mon bébé étaient remplis d'eau. Je paniquai sur le coup car je me posais toutes sortes de questions.

Était-ce grave ?

Évidemment, il ne m'expliqua pas à quoi cela était dû. Il me dit tout de même que cela était sans gravité. Je dus faire les recherches moi-même...

Heureusement, l'hydrocèle[4] disparut au fil des mois.

La deuxième nuit, je pus changer de chambre et papa nous rejoignit enfin. Je me sentis beaucoup mieux.

Le grand retour à la maison s'annonçait enfin...

---

[4] Accumulation de liquide dans une « poche » entourant le testicule.

Nous étions partis à deux, nous revenions à trois.

Tous nos proches célébraient avec une immense joie la venue au monde de cet enfant. Tandis que d'autres, certains membres de la famille pourtant présents pendant la grossesse, nous ont ignoré et n'ont jamais daigné connaître notre enfant. Ils ne l'ont tout simplement jamais vu ! Allez comprendre...

Ce genre de comportement nous minait le moral, mais il fallait vivre avec. Peu importe, avec ou sans eux, la vie continuait...

Au fil des jours, c'était si étrange de se dire qu'à présent ce petit être serait à nos côtés. Nous prenions plaisir à nous occuper de lui. Mon moment préféré était celui du bain, car

mon fils avait cette façon de me regarder. Il me fixait droit dans les yeux à chaque fois. J'avais l'impression d'être si importante à ses yeux.
Tout le monde disait qu'il avait un regard.

Mon mari était un papa extraordinaire, j'adorais voir leurs moments de complicité à deux.
Il aimait lui lire des histoires ou le bercer. Ils étaient si proches. Il était ma vision de la figure paternelle, celle dont j'avais toujours rêvé.

Lorsque j'entendais parfois des mamans se plaindre de leur compagnon, je n'osais rien dire, car mon mari était tout le contraire. Il prenait grand soin de moi et de notre bébé. Il se levait chaque nuit pour donner le biberon car il préférait que je me remette de l'accouchement. Il réalisait toutes les tâches quotidiennes de la maison, faisait les courses et n'attendait jamais après moi. Je pouvais vraiment compter sur ma moitié.
Malgré les nuits extrêmement courtes, notre bonheur était immense. Depuis bébé, William réclamait souvent son biberon la nuit. Ou alors nous devions souvent le changer car j'eus la bonne idée de me lancer dans l'aventure des couches lavables...
Cette expérience fut un échec total pour moi car chaque nuit et même en journée, il y avait des fuites !

J'avais investi dans un lot de couches lavables pour rien, c'était si frustrant.

Et très vite, l'agacement se fit ressentir...

Nos proches se mêlaient de l'éducation de notre enfant et cela m'insupportait. Je refusais qu'on me dicte la marche à suivre. Je voulais donner une certaine éducation à mon enfant, je ne voulais pas être influencée.

J'entendais très souvent les mêmes rengaines : « Ne fais pas ça... ne fais pas ci... moi je serais toi, je ferais ça... »

Je n'en avais que faire de toutes ces remarques ! Alors, très vite, je fis une sélection. Je retenais les conseils qui me paressaient utiles et je coupais court à la discussion lorsque cela ne m'intéressait pas !

Je préférais faire mes propres recherches moi-même. Je me renseignais sur tout pour ne pas avoir à affronter les remarques inutiles.

Par exemple, je préférais élaborer moi-même mon propre liniment[5] afin de nettoyer le siège de bébé pendant le change.

---

[5] Le liniment est une formule traditionnelle composée de quantités égales d'huile végétale (oléo), originellement l'huile d'olive, et d'eau de chaux (calcaire). L'eau de chaux pure a un pH très basique. Le liniment est un lait gras très doux idéal pour la toilette des peaux sensibles et qui laissera un film protecteur sur la peau. C'est une recette traditionnellement recommandée pour la toilette des fesses des bébés lors du change. Il nettoie tout en laissant un film protecteur qui va

Ce qui me valut de nombreuses remarques... On ne comprenait pas ma démarche.

« Pourquoi le faire plutôt que de l'acheter déjà tout fait ? » m'a-t-on dit. Ou encore : « C'est pas dangereux ce que tu mets dedans ? »

Que ce soit pour mon fils ou pour la maison, j'ai toujours préféré utiliser des produits non agressifs. J'étais ce genre de personne à faire sa propre lessive maison.

Alors je m'intéressais à la composition des produits. Certains liniments en vente étaient plus que douteux, je préférais donc trouver une alternative beaucoup plus naturelle et moins chère.

Il était certain que le mien était beaucoup plus sain pour la peau de mon enfant. Et je pouvais dire que cela fonctionnait plutôt bien, car en quatre ans, William n'eut jamais aucune rougeur, aucune irritation !

Mon liniment était une véritable petite merveille, si bien que beaucoup de mamans me demandaient ma recette. Mais il n'y avait aucun

---

nourrir et protéger la peau fragile des fesses de bébé. Il préviendra les érythèmes fessiers en limitant les rougeurs et irritations causées par la présence d'humidité ou dues à l'urine et aux selles parfois acides. Le liniment oléo-calcaire s'applique également sur les croûtes de lait qui se forment sur la tête des nourrissons ou encore sur les parties sèches du corps de bébé. Le liniment est aussi très prisé en tant que démaquillant. Le liniment est un produit très facile à fabriquer et se conserve très bien.

secret. Il suffisait de mélanger dans un récipient moitié eau de chaux[6] / moitié huile d'olive, de mixer le tout au mixeur plongeant, puis avec l'aide d'un entonnoir, de verser la préparation dans une bouteille en verre avec pompe de préférence. Et c'était prêt !

---

[6] L'eau de chaux est une solution saturée d'hydroxyde de calcium $Ca(OH)_2$, produite en mélangeant de la chaux aérienne à de l'eau.

5

Depuis le début, j'avais la volonté

d'allaiter mon enfant, mais rien ne se passa comme je l'avais souhaité...
La sage-femme qui suivait ma grossesse vint à mon domicile le deuxième jour dans le cadre du programme PRADO[7] instauré par l'Assurance Maladie[8].
Elle devait s'assurer que tout allait bien, effectuer des suivis, contrôler le poids du bébé et faciliter notre retour à la maison.

---

[7] Le service de retour à domicile des patients hospitalisés Prado a été initié par l'Assurance Maladie en 2010, pour anticiper les besoins du patient liés à son retour à domicile et fluidifier le parcours hôpital-ville.
[8] Organisme de Sécurité Sociale

Je lui fis part de mon inquiétude concernant l'allaitement car je n'y arrivais pas. À chaque fois que je tentais de lui donner la tétée, cela devenait un véritable calvaire. J'avais l'impression qu'il me mordait les mamelons. Je saignais, je pleurais. C'était un enfer !

Elle essaya de me montrer plusieurs façons d'allaiter, mais elle se rendit compte rapidement que je n'avais pas de lait.

D'une façon peu aimable, un jour, elle me dit : « Mais t'as pas de lait ! T'as pas vu que t'avais pas de lait ???! ». Elle se permit même de nous traiter presque d'incapables car nous n'avions pas prévu de lait en poudre.

Je venais d'accoucher, je n'y connaissais strictement rien et je donnais le sein à mon enfant comme je pouvais.

Cette personne m'avait suivie pendant toute ma grossesse et ne m'avait jamais expliqué comment faire !

À la maternité, on m'avait montré rapidement pendant la nuit et je devais ensuite me débrouiller. Alors non, je n'avais pas vu que je n'avais pas de lait !

Par-dessus tout, je souhaitais allaiter mon bébé de tout mon cœur. Je n'avais certainement pas à l'esprit d'acheter du lait en poudre.

Elle contrôla son poids. Il faisait 3,620 kg à la naissance. Il avait perdu quelques grammes seulement.

Elle me donna une boîte de lait et me dit de lui faire un biberon en urgence.

En attendant, les jours suivants, je n'avais toujours pas de lait, alors William commença à s'habituer aux biberons.

Je cherchais désespérément une solution pour favoriser la lactation. J'essayais toutes sortes de soi-disant remèdes miracles : tisane au fenouil, bière sans alcool, etc., mais rien ne fonctionna ! J'essayais un tire-lait, mais à chaque fois, je prélevais la moitié d'un petit verre. Rien de bien consistant pour rassasier mon enfant.

     Et pour couronner le tout, lorsque j'étais en présence de ma belle-sœur, elle allaitait mon petit neveu qui était né deux mois avant William.

J'étais très heureuse pour elle, mais intérieurement, je désespérais. Elle y arrivait et pas moi !

Elle a tout essayé et m'aidait comme elle le pouvait. Mais malgré ses conseils, il n'y avait rien à faire... Toujours pas de lait !

     Mon entourage ne comprit pas pourquoi je n'arrivais pas à allaiter. Même en suivant d'autres conseils, il n'y eut aucun changement et je me sentis rapidement jugée.

Je commençais à me dévaloriser. J'avais cette envie et ce besoin d'allaiter mon enfant. Je le voulais de tout cœur, mais je n'y arrivais plus. J'avais l'impression de ne pas être une vraie maman. Toutes les femmes de mon entourage y arrivaient et moi non. Je le vivais comme un autre échec.

Mon souhait d'allaiter fut rapidement mis aux oubliettes...

Au bout d'un mois, découragée, je renonçai à donner le sein et je passai définitivement aux biberons. Ce qui fut pour moi l'un des plus gros échecs de ma vie et que je ne pus inconsciemment jamais me pardonner...

Une autre angoisse vint s'ajouter car depuis sa naissance, William n'allait pas à la selle pendant plus d'une dizaine de jours. Au début, nous lui faisions des biberons avec de l'eau *Evian,* comme le pédiatre et notre entourage nous l'avaient conseillé, mais visiblement, cela le constipait.

Nous nous sommes inquiétés et avons alerté le pédiatre qui nous conseilla un peu d'*Hépar* pour débloquer le transit. La situation s'améliora nettement de jour en jour, même si les selles n'étaient pas régulières. Puis on nous conseilla aussitôt d'utiliser l'eau *Mont Roucous* pour les biberons. Il est clair que nous avons constaté aussitôt le changement. Son transit fonctionnait très bien.

Avec la diversification alimentaire vers 4 mois, tout rentrait dans l'ordre.

6

Au bout de quelque temps, motivés
par l'envie de quitter la ville et cette résidence
HLM où régnait l'insécurité, nous avons décidé
de nous isoler dans un coin plus retiré situé à
une heure de mon lieu de travail.
Nous décidâmes d'acheter une maison dans une
ville bordée par la campagne. Il y avait
énormément de travaux à réaliser, mais nous
étions si heureux d'acquérir notre premier bien
et de le retaper avec l'aide de mon père !
C'était une belle aventure, mais à mon sens, avec
le recul, nous nous étions précipités.
Avec un bébé qui venait de naître, nous n'étions
pas prêts pour cela. Avec la fatigue et toutes ces
petites contraintes, les travaux furent une

charge supplémentaire, l'éloignement avec mon lieu de travail également.

Toute cette accumulation me fit rapidement déchanter.

Je travaillais à une heure de mon emploi et le soir, je mettais également une heure pour rentrer, soit plus de 120 kilomètres par jour aller-retour. Je ne tins pas bien longtemps. Heureusement que le télétravail se profilait à l'horizon...

En temps normal, cela ne m'aurait pas dérangé car en région parisienne, j'avais l'habitude de faire de longs trajets pour aller au travail. Mais très vite, notre fils ne fit pas ses nuits. Le manque de sommeil et les soucis ne mirent pas longtemps à me miner le moral. Ma motivation en prit un sacré coup.

Je me maudissais d'avoir acheté cette maison. Et pour en rajouter une couche, à chaque fois que nous terminions des travaux, d'autres que nous n'avions pas envisagés venaient se greffer et creusaient considérablement notre budget. Nous y avions mis toutes nos économies. C'était devenu un véritable gouffre financier ! J'avais l'impression de dépenser mon temps, mon énergie et surtout mon argent dans cette maison.

Et puis ce jour arriva... Et mon petit conte de fées se transforma rapidement en un véritable cauchemar quand je dus abandonner mon bébé pour retourner travailler...

Étant donné que je gagnais beaucoup plus que mon mari, le choix était vite fait.

D'ailleurs, on me fit très rapidement remarquer que cela n'était pas « normal » que maman aille travailler pendant que papa restait à la maison pour s'occuper de l'enfant...

Mais je n'étais pas de cet avis. À mon sens, un papa était tout aussi capable qu'une maman d'élever son enfant.

J'étais toujours outrée en entendant ce genre de cliché machiste et archaïque ! Je n'ai jamais compris que l'on puisse tenir ce genre de propos de nos jours.

Tout comme le sujet de l'allaitement en public... Si j'avais eu la chance de pouvoir allaiter mon enfant, je n'aurais jamais eu de gêne à lui donner la tétée en public. L'allaitement n'a jamais été de l'exhibitionnisme ou je ne sais quoi. Depuis des lustres, dans toutes les cultures et toutes les générations, cela a toujours été un besoin naturel pour un bébé.

Depuis quelque temps dans notre société, je ne comprends pas cette polémique autour de l'allaitement. Mais il faut croire que plus nous avançons dans le temps et plus nous régressons !

Nous avions préféré que l'un de nous reste s'occuper de notre enfant à la maison car nous n'étions pas rassurés de confier notre bébé à quelqu'un.

L'expérience en crèche fut un véritable désastre car William hurlait à chaque fois que nous quittions l'endroit. Sa peur de l'abandon n'aidait pas.
Mais il faut dire aussi que nous n'apprécions pas non plus certaines méthodes de cette crèche, alors le choix fut vite fait.

Et c'est ainsi que je me renfermai sur moi-même et que je sombrai petit à petit dans ce que je pensais être un baby blues[9].

J'étais toujours absente. Je commençais le travail à 7 h 30. Je me levais à 5 h du matin, partais à 6 h 30 et je revenais le soir vers 16 h 30/17 h.
Je ne vis aucun progrès de mon fils.
Mon mari qui le gardait à la maison m'envoyait souvent des photos et des vidéos afin de voir son évolution.

---

[9] Le baby blues est purement physiologique car il est dû à l'effondrement hormonal après l'accouchement. Généralement, il se manifeste à partir du troisième jour qui suit l'accouchement, ce qui correspond, souvent, à la sortie de maternité. L'expérience de la maternité et l'épreuve de la naissance dépassent les expériences habituelles : baisse d'hormones, état de fatigue, manque de sommeil, parfois difficulté d'allaitement... Le baby blues dure 1 semaine à 10 jours.

Au bureau, je me mis à pleurer plus d'une fois car je m'en voulais terriblement de ne pas avoir pu assister à tout cela.

Je ne vis pas ses premiers pas, je n'étais pas là pour entendre ses premiers mots.

Au fond, j'avais l'impression de ne pas connaître mon propre enfant.

Et cette situation m'attristait au point que je n'avais plus l'envie de m'occuper de mon fils.

En quelque temps, j'étais devenue une autre femme. Amère à cause de cette situation, je faisais partie de tous ces aigris de la vie. Je n'avais plus le goût de vivre.

J'enviais terriblement toutes ces mamans qui restaient à la maison pour s'occuper de leurs enfants alors que moi, j'étais obligée d'aller au travail pour pouvoir subvenir à nos besoins.

Je n'emmenais jamais mon fils à l'école, je venais le chercher très rarement le soir. Je ne pouvais pas non plus assister à ses rendez-vous médicaux. Et à chaque fois que je me retrouvais seule avec lui comme par exemple pour aller faire des courses, je paniquais.

Petit à petit, je devenais une loque humaine car le chagrin me rongeait, mais je ne voyais aucune solution pour m'en sortir.

Je me rendais au travail à contrecœur, je devenais beaucoup plus casanière qu'en temps normal. Moi qui avais l'habitude d'être coquette, je ne me maquillais plus, ne prenais plus soin de moi. Je me renfermais au point que je passais des heures à m'isoler pour pleurer sur mon sort. Je prenais tout à cœur et je ne supportais pas les remarques de mon entourage.

Pendant plus de deux ans, je me suis enfermée dans cette spirale négative. À ce stade, on ne pouvait plus parler de baby blues, il y avait bien autre chose...

Mais pour mon époux, ce n'était pas évident non plus. Lui qui avait dû renoncer à son travail pour s'occuper de notre fils, ressentait de l'isolement. Il ne voyait personne, n'avait personne à qui parler la journée. Il ne voulait pas m'embêter avec ses soucis et n'avait personne à qui se confier.

Ma dépression lui avait fait beaucoup de mal. Plusieurs fois, il me confia qu'il ne me reconnaissait pas, que je n'étais pas sa femme. Alors pour ne pas me causer plus de tracas, il ne disait rien et gardait tout en lui.

William devenait aussi très dépendant de son papa. Il ne pouvait rien faire sans lui.

Même quand j'étais présente, il préférait son père. J'avais l'impression de ne plus être une priorité dans sa vie. Mon mari passait ses journées à s'occuper de notre fils car celui-ci n'a jamais été un gros dormeur. Même avec tous les efforts du monde, les moments de sieste étaient assez compliqués et il fallait de longs moments avant qu'il puisse s'endormir.

La psychologue qui me suivit plus tard nous fit remarquer que si notre fils avait ce comportement c'est parce qu'il avait assimilé mon époux comme son point d'attache étant donné qu'il s'était toujours occupé de lui depuis bébé.

7

William semblait être un petit garçon comme les autres. Il mangeait de tout, jouait, rigolait, pleurait. Tout semblait normal. Il évoluait comme les autres enfants et commença même à dire quelques mots vers l'âge de six mois.

Pourtant, à l'âge de 9 mois, William commença à avoir des comportements « étranges ».

Au début, je n'y prêtais pas attention, mais forcée de constater que ces symptômes devenaient récurrents, je me suis très rapidement inquiétée.

J'ai bien tenté d'alerter les professionnels de santé, en vain…

Il avait pourtant marché très tôt à 11 mois et n'avait jamais fait de 4 pattes. Niveau motricité, il semblait plutôt tonique. D'ailleurs, les médecins le soulignaient très souvent.

★ *Retard du langage...*

Vers l'âge de 6 mois, il commença le babillage et répétait souvent « papa » ou « mama », mais cela ne dura pas, car des mois après, il ne prononça plus aucun mot.

Aujourd'hui encore, nous constatons un retard du langage. Il commence à faire des phrases, mais il est encore impossible de tenir une conversation avec lui.

Et plus le temps passait et plus les réactions « étranges » s'enchaînaient...

★ *L'alignement des jouets et l'intérêt pour tout ce qui tourne...*

Pour moi, le plus flagrant fut l'alignement de ses jouets.

William alignait systématiquement tout ce qu'il trouvait et pouvait faire des files de petites voitures ou autres dans toute la pièce.

Il était également obsédé par les roues de voitures et les faisait tourner en permanence.

Il a toujours fait une fixette sur les voitures et tout ce qui pouvait rouler.

★ *La crispation des mains et du visage...*

Il faisait également des gestes bizarres. Il crispait souvent ses mains et son visage. Parfois, je me demandais même s'il n'était pas en train de faire une crise d'épilepsie, mais d'après mes recherches, cela n'était pas le cas. Encore aujourd'hui, personne n'explique ces gestes...

★ *Besoin de se faire du mal...*

Un jour, alors qu'il avait un peu plus d'un an, nous avons retrouvé notre fils allongé sur le sol en train de se cogner la tête contre le parquet. Nous l'avons empêché tout de suite de se faire volontairement du mal.

Cela arrivait très souvent. Il reproduisait le même scénario contre les murs.

À chaque fois que nous le voyions agir de la sorte, nous étions désemparés car à part l'empêcher de se blesser, nous ne savions pas comment l'aider.

On aurait dit qu'il trouvait un certain plaisir à faire cela.

★ *Ne réagit pas à l'appel de son prénom... A le regard fuyant...*

J'ai toujours pensé que mon petit était « dans sa bulle », dans son petit monde, car parfois, il ne répondait pas quand on s'adressait à lui. Nous pouvions facilement l'appeler 10 à 15 fois avant qu'il s'en rende compte.

Et lorsqu'il réagissait enfin, il fuyait notre regard et ne nous regardait jamais dans les yeux.

★ *Problèmes d'endormissement et réveils pendant la nuit...*
Nous avons constaté très rapidement des difficultés d'endormissement. Alors que tous les soirs, il était au lit à 20 h 30 précises, celui-ci n'arrivait pas à s'endormir avant 22 h, 23 h, voire minuit. Il galopait dans le lit et n'arrivait pas à trouver le sommeil. Il se réveillait plusieurs fois dans la nuit.

Se réveille la nuit et a beaucoup de difficultés à se rendormir...
En général, il se réveillait vers 2 h du matin et arrivait à retrouver le sommeil seulement vers 6 h.
Autant dire que les nuits étaient sacrément courtes et que nous ne tenions plus physiquement et psychologiquement !
J'appris bien plus tard que les difficultés d'endormissement faisaient partie entre autres des symptômes de l'autisme.
C'est véritablement vers l'âge de 3 ans, lorsqu'il rentra à l'école, qu'il commença à dormir sans se réveiller en pleine nuit.

★ Peur de l'abandon...

Plusieurs fois, des proches m'ont conseillé de le laisser pleurer car il devait « soi-disant » apprendre à dormir seul... J'essayai une fois. Quelle ne fut pas mon erreur...
Depuis ce jour, William eut le « syndrome de la peur de l'abandon ». Il se mettait à hurler lorsque nous quittions la chambre. Et lorsqu'il s'était enfin endormi, nous avions droit systématiquement à des réveils nocturnes car il ne ressentait plus notre présence.
Toutes ses nuits se résumaient par des pleurs, des hurlements car il ne pouvait rester seul dans sa chambre.

Nous avions donc pris la décision d'installer notre lit dans sa chambre et de dormir avec lui. Mais cela ne suffisait pas à le rassurer... Il venait parfois nous rejoindre dans notre lit.

Un conseil, n'écoutez pas ce genre de conseil ! Si vous ressentez le besoin de dormir avec votre enfant, alors faites-le ! Seuls votre avis et votre instinct de parent comptent. L'avis des autres est sans importance !

★ Sensibilité aux bruits et à certains sons...

Je fus très perturbée lorsque je compris que William était « hypersensible » aux bruits.
Le simple fait d'allumer un sèche-cheveux, une brosse à dents électrique, une perceuse, un

appareil électroménager ou un mouche-bébé par exemple le perturbait au point qu'il se mettait à pleurer et à hurler.

C'était également le cas lorsque quelqu'un riait ou parlait trop fort ou même criait. William ne le supportait pas.

Vers l'âge de 4 ans, certaines musiques pouvaient le perturber. J'avais envisagé un casque antibruit. Cela aurait peut-être pu l'aider à s'apaiser.

 Difficultés au niveau de l'alimentation...

Nous avons très vite constaté des difficultés concernant l'alimentation.

Lui qui, bébé, avait très bon appétit et mangeait tout sans difficulté, nous nous retrouvâmes face à un autre dilemme...

À 9 mois, il décida de ne plus boire une goutte de lait. À chaque fois que nous approchions le biberon, il recrachait le lait instantanément.

Même après avoir essayé plusieurs marques de lait, cela ne donna aucun résultat.

À 11 mois, nous avons abandonné. Très rapidement, les yaourts remplacèrent le lait.

Lui qui avait l'habitude de manger des fruits, du jour au lendemain cela fut terminé. Les compotes durent les remplacer et plus tard, les jus de fruits.

William aimait manger des légumes. La courgette et le brocoli faisaient partie de ses légumes préférés, mais d'un coup, il se mit à les détester.

Il observait et analysait tout ce que nous lui donnions à manger : les yaourts, les pâtes, le jambon, les biscuits...

Si un jour par malheur nous changions par exemple la marque des yaourts, alors il refusait de manger.

Nous avons compris très vite qu'il ne fallait pas changer ses habitudes...

Il ne put jamais réellement manger tout seul. À chaque fois, nous devions l'aider à prendre ses repas car tenir sa cuillère était assez difficile, au même titre que tenir un crayon.

Malgré plusieurs essais, notre fils mangeait tout le temps la même chose.

Des nouveautés dans son alimentation : sauce ketchup, mayonnaise, charcuterie, fruits/légumes, bonbons, certaines boissons, plats ou choses qu'il n'avait pas l'habitude de manger... pouvaient énormément le perturber et il refusait de gouter.

Au début, nous le forcions un peu à manger car nous avions peur pour sa santé, mais à chaque fois cela se traduisait encore par des pleurs et hurlements. Nous avons rapidement pris la décision de ne plus insister et tentâmes de trouver des aliments de substitution aux légumes, fruits, viandes, poissons, lait... etc.

Nous avions alerté la PMI à ce sujet. Une infirmière nous répondit que nous pouvions lui donner le téléphone portable pendant les repas afin de le motiver à manger un peu...
Une fois à la maison, nous avons tenté l'expérience. Il était certain que cela fonctionnait beaucoup mieux, mais pour nous ce n'était pas non plus une solution !

Depuis, malgré quelques améliorations, c'est toujours le cas. Le repas est toujours un moment très délicat.

★ *Ne maîtrise pas les émotions...*
William n'a jamais su contrôler ses émotions.
Il manquait clairement d'empathie et jusqu'à maintenant, nous le constatons toujours régulièrement.

Depuis le début, il se met à rigoler lorsqu'il se fait gronder ou lorsque quelqu'un se blesse.
La maîtresse le remarqua très rapidement et nous en fit part. Un jour, elle tenta de le gronder en vain. Celui-ci se mit à rire aussitôt.

C'était également le cas lorsqu'il se blessait. Il ne pleurait pas alors qu'il venait par exemple de se cogner la tête dans un mur ou de tomber...

Conseil aux parents : une personne que j'ai rencontrée quelques années plus tard m'a conseillée d'utiliser des pictogrammes afin de l'aider à mieux gérer ses émotions. Nous avons imprimé et collé des petites images sur un tableau. Chaque petit personnage possède une humeur (rigole, pleure, en colère, fatigué, triste, heureux…). De cette façon, l'enfant pourra mieux percevoir les différentes humeurs et ainsi favoriser sa compréhension émotionnelle.

Même chose pour lui expliquer les activités quotidiennes : se brosser les dents, prendre sa douche, s'habiller, manger, dormir, prendre le petit déjeuner, aller à l'école…

Nous sommes aussi confrontés à une autre problématique…

Avec ses cousins ou ses camarades de classe, notre enfant peut aussi avoir un comportement « étrange » notamment lorsqu'il souhaite montrer son affection. Il serre très fort les enfants et va jusqu'à les plaquer au sol tout en les serrant. Il peut paraître brutal dans sa manière de procéder, mais en aucun cas, il n'est dangereux. C'est sa manière à lui de faire des câlins…

C'est encore une grande source de stress car nous ne savons pas comment l'empêcher d'agir de la sorte. Certains enfants pourraient le craindre et lui en vouloir. Certains parents pourraient même nous le reprocher ou le juger sans essayer de comprendre…

Nous craignons toujours les réactions.

Pour l'instant, nous n'avons pas de solution miracle pour l'aider, mais nous y travaillons.

Nous avons tout tenté concernant l'apprentissage de la propreté, mais William ne voulait jamais approcher le pot et il avait comme peur des toilettes. Lorsqu'il s'en approchait, avec ou sans rehausseur, il se mettait à pleurer.

Nous avions le souhait qu'il soit totalement propre à sa première rentrée scolaire, mais nous n'avons jamais réussi à le motiver.

À la rentrée scolaire de septembre 2021, la maîtresse ne voulait plus que William porte de couches.

Nous l'emmenions à l'école avec une couche par crainte et glissions slips ou caleçons avec un linge de rechange dans son sac d'école au cas où. Il arrivait parfois quelques petits accidents, quelques fuites, mais globalement, cela se passait très bien.

Même s'il n'allait pas à la selle de la journée, il avait acquis très rapidement la propreté à l'école. Cependant, dès qu'il arrivait à la maison, c'était tout le contraire car il n'aimait pas le pot et les toilettes.

Nous avions gardé l'habitude de lui laisser les couches à la maison.

La même personne qui m'avait conseillé les pictogrammes me conseilla d'arrêter les couches une bonne fois pour toutes !

En slip ou sans rien toute la journée. Il y aurait forcément des petits accidents, mais cela s'arrangerait vite.

Et ce fut le cas en suivant ses conseils, William avait également acquis la propreté à la maison en quelque temps.

Concernant les selles, cela restait tout de même délicat, car il se retenait toute la journée à l'école et faisait sur lui une fois de retour à la maison.

En faisant des recherches, je pus apprendre qu'il s'agissait sûrement d'apopatophobie[10] et que cette phobie se manifestait vers l'âge de 4 ans.

Cette peur demeure encore aujourd'hui. Nous n'avons plus qu'à attendre que cela passe…

★ *A du mal à gérer la frustration… N'accepte pas l'échec…*

William pouvait parfois devenir très colérique. Lorsqu'il n'arrivait pas à faire quelque chose par exemple, il balançait tout ce qui se

---

[10] Phobie de faire caca, d'aller à la selle.

trouvait devant lui. Nous en revenions à la gestion des émotions...

Il a encore du mal à accepter l'échec. Le calmer est parfois difficile.

★ *Analyse tout ce qu'il voit... Détaille tous les éléments...*

Comme avec la nourriture, notre fils a toujours eu l'habitude de tout analyser.
Par exemple, il pouvait passer des heures à observer sous tous les angles ses petites voitures, à détailler chaque pièce, à ouvrir les portières et les refermer. Tout ce qui possédait des roues également (poussette, vélo, brouette, fauteuil roulant, etc.) ou encore la machine à laver qu'il pouvait étudier pendant des heures.
Idem avec les personnes, il étudiait chaque détail du visage, d'un vêtement...

À quatre ans, toujours sous la surveillance d'un adulte, il préférait faire des tâches quotidiennes plutôt que de jouer avec ses jouets. Comme par exemple, faire le café, faire du bricolage, faire la machine à laver...

★ *Rituels / changements d'habitudes*

Nous avions pris la décision d'instaurer des rituels car des changements importants pouvaient le perturber.
Les rituels l'aidaient à calmer ses angoisses et à contrôler ses émotions.

Ainsi nous prenions les repas vers 19 h, coucher vers 20 h 30, le bain, etc.

Tous comme les repas, si quelque chose venait perturber ses petites habitudes, il nous le faisait très rapidement remarquer.

Je me souviens qu'un soir après le bain, mon mari se trompa de paire de chaussettes. Il mit à William mes chaussettes qui étaient très petites au lieu de lui mettre les siennes.

Le petit ne dit rien de la soirée, seulement plusieurs fois dans la nuit, il se mit à retirer ses chaussettes.

À moitié endormie, je ne compris pas tout de suite pourquoi il faisait cela. Je lui remis les chaussettes à chaque fois, mais il recommençait.

Il se leva une autre fois pour aller aux toilettes et dans le noir se cogna le pied. J'entendis le bruit, mais étant donné qu'il ne se plaignit pas et revint au lit, je n'y prêtai pas plus attention que cela.

Il continua d'enlever ses chaussettes toute la nuit. Nous avions peut-être dû dormir 2 heures cette nuit-là.

Au petit matin, excédé tout comme nous, il se mit à pleurer et me montra son pied, mais comme il ne parlait pas, je ne comprenais pas ce qu'il tentait de me dire. Comme d'habitude, nous devions deviner ce qu'il tentait de nous faire comprendre.

Je cherchais donc à savoir ce qu'il avait. Je lui posai des questions et répétai des mots afin qu'il m'explique la raison de ses pleurs :

« Dis à maman ce qu'il y a... »

« Pourquoi tu pleures ? »

« Tu as mal ? »

« Bobo ? »

Le mot « bobo » dut lui plaire. Il le répéta plusieurs fois tout en pleurant, alors aussitôt, j'auscultais son petit pied sous tous les angles. Lorsque soudain, je me rendis compte de quelque chose...

Sous la chaussette, il y avait inscrit la pointure. Je venais de comprendre...

« C'est pas vrai... »

Je lui enlevai mes chaussettes sur-le-champ et lui mis une de ses paires. William s'arrêta de pleurer instantanément et vaqua à ses occupations comme d'habitude.

À bout de nerfs et face à mon impuissance cette nuit-là, je ne tardai pas à fondre en larmes.

Comment avions-nous pu passer à côté d'un tel détail ? Pourquoi ne pas l'avoir remarqué avant ? Pour quelle raison notre fils avait été autant perturbé ? Pourquoi était-il aussi sensible à ce genre de détail ? C'était tout de même incroyable.

★ *Intérêt pour les écrans...*

Vers l'âge de deux ans, il s'intéressa aux écrans. Nous lui mettions des petits dessins animés sur la télé et parfois nous lui donnions le téléphone à raison d'une ou deux heures par jour.

Je ne saurais dire si cela était dû aux écrans, mais je constatai rapidement qu'il se désintéressait de tout. Et il ne disait plus de mots comme avant.

Nous évitions donc de le mettre devant la télévision ou le téléphone.

Je n'accuserais pas totalement les écrans car plus tard, vers l'âge de trois ans, même s'il n'était pas encore capable de tenir une conversation, William apprit l'alphabet et à compter par cœur grâce à des programmes éducatifs. Il apprit des comptines et parlait même anglais.

William a toujours aimé l'anglais. Lorsqu'il était devant les écrans, il regardait des programmes pour enfants en anglais ou des vidéos avec des comptines, l'alphabet, les nombres en anglais. Il a rapidement su s'exprimer en anglais.

Que ce soit en français ou en anglais, il apprit l'alphabet par cœur et savait compter jusqu'à 14.

Aussi, il s'intéressa très rapidement à toutes les marques. Il pouvait notamment donner la marque d'une voiture rien qu'en l'observant dans la rue. Il connaissait tous les logos par cœur. Même nous, nous n'avions aucune connaissance de certaines voitures...

Il a toujours tout mémorisé et avait l'habitude des rituels, même à l'extérieur de la maison.

Un jour, lors d'une visite chez notre médecin traitant, William connaissait déjà toutes les étapes de la consultation (prise de la tension, écoute du cœur, examen des membres...) et il se souvint qu'en dernier le médecin terminait par la pesée.
William se leva instantanément et monta sur la balance sans que le docteur le lui demande.
Le médecin fut très surpris et se mit à rire.
« Quelle mémoire ! Il se rappelle tout », nous fit-il amusé.

Un autre jour, alors qu'il avait aligné ses petites voitures sur le buffet, je décidai de lui en prendre une pour la mettre dans son sac car nous allions faire une petite balade.
William revint près du buffet et constata rapidement qu'une de ces voitures avait disparu.
Il se mit aussitôt à la chercher partout dans la maison et devint très inquiet. J'ai bien cru qu'il allait pleurer.
Je compris qu'il s'agissait de la petite voiture en question.

Une fois à sa place, tout redevint comme avant et William fut tout de suite rassuré.

Parmi tous les comportements listés ci-dessus, certains ont disparu, mais d'autres demeurent...

8

$\mathcal{M}$algré mes nombreuses alertes auprès des professionnels de santé, il n'y avait rien à signaler selon eux...

La pédiatre de la PMI[11] me dit un jour : « Ne vous inquiétez pas, ça passera avec le temps... »

L'ORL[12] que nous avions consulté à l'hôpital ne comprenait pas d'où cela pouvait provenir, car selon lui tout était normal...

L'orthophoniste qui suivait mon fils dans son cabinet en ville le laissait jouer avec ses

---

[11] Protection Maternelle Infantile
[12] Oto-rhino-laryngologie

petites voitures, tourner les roues. Il constata rapidement que William ne s'intéressait qu'à cela alors il n'insista pas. Malgré quelques exercices, nous ne constations pas les progrès.
Selon ce professionnel, les gestes « bizarres » de crispation que mon fils avait l'habitude de faire avec ses mains et son visage, étaient des gestes « archaïques » et qu'il n'y avait pas lieu de s'inquiéter.

Un jour, lors d'une consultation de 10 minutes maximum, une des pédiatres du centre hospitalier où avait rendez-vous mon fils eut même la délicatesse de conseiller à mon époux de placer notre fils en hôpital psychiatrique !
J'étais au travail ce jour-là et croyez-moi que cette remarque déplorable me fit verser toutes les larmes de mon corps derrière mon bureau.
Comment des professionnels de santé censés vous aider et vous épauler pouvaient faire preuve d'un tel manque de bienveillance, presque d'antipathie ?

Je décidai de ne pas suivre leurs conseils car en tant que maman, je sentais bien que c'était tout le contraire et que quelque chose n'allait pas !

Je préférai ne plus faire confiance à aucun professionnel et j'entrepris des recherches de mon côté.

À chaque fois que je tapais sur le Net l'un des symptômes de William, tout me ramenait à l'autisme et les troubles du spectre autistique.

Parmi ces explications, je pus comprendre qu'il s'agissait « *d'une altération du cerveau qui se mettait en place avant la naissance et était impliquée dans le langage, la motricité, la perception, les émotions, les interactions sociales... C'est pourquoi, depuis 1996, l'**autisme** est reconnu officiellement comme un handicap.* »

En creusant un peu plus, je pus parfaitement faire un lien entre ce handicap et le comportement de mon fils.

J'épluchai méticuleusement tous les sites Internet et toutes les publications à ce sujet.

Renseignée un minimum, je fus la seule à m'inquiéter pour lui et lorsque j'abordais le sujet avec mes proches, il était très difficile de me faire entendre car eux-mêmes n'étaient pas du tout informés sur l'autisme.

« Ton fils n'a rien ! Il n'est pas autiste !»

« Arrête de t'inquiéter, c'est juste des caprices... »

« Comment il a pu devenir autiste ? C'est génétique ? »

« C'est peut-être de votre faute s'il est autiste, vous lui avez trop crié dessus... »

« Il n'est pas autiste, il a juste du retard par rapport aux autres enfants... Ça va passer... »

« Ton fils n'est pas autiste ! J'ai vu la fille autiste d'un collègue qui se balançait dans son fauteuil et bavait... Ton fils n'est pas comme ça, rien à voir ! »

Lors d'un mariage, alors que mon fils courait derrière les voitures (car il s'intéressait aux roues depuis tout petit) et que mon mari tentait de le rattraper, j'entendis de la bouche d'un des invités qui se trouvait un peu plus loin : « Mais qu'est-ce qu'il a celui-là ? Il est fou ? »

Cette remarque m'avait profondément blessée sur le coup car j'avais en tête les paroles de cette pédiatre qui nous avait conseillé l'hôpital psychiatrique...

J'aurais très bien pu rentrer dans une colère noire et lui dire le fond de ma pensée, mais je n'en fis rien car cette personne n'était pas au courant du potentiel handicap « invisible » de mon fils. Et puisque nous attendions confirmation du diagnostic, je préférais ne pas m'avancer sur le sujet.

Toutes ces situations n'étaient pas faciles à gérer au quotidien car c'était la première fois que nous avions à affronter cela et personne de notre entourage ne comprenait notre ressenti. Nous n'étions pas soutenus.

À bout de nerfs, nous nous mettions à crier sur William car avec le manque de sommeil et l'épuisement moral, l'exaspération se faisait très rapidement ressentir et nous perdions patience.
Surtout lorsqu'il fallait passer à table et que William refusait de s'alimenter ou lorsqu'il refusait de dormir.
Il nous arrivait de lui mettre la fessée. Entendez par là qu'il s'agissait d'une tape sur la main ou sur les fesses et rien d'autre ! Jamais nous n'avions osé lever la main sur lui ou le frapper.
Mais en l'absence d'émotion de sa part, nous comprenions très rapidement que la fessée ne servait strictement à rien ! William rigolait systématiquement ou se tapait lui-même...
Je ne comprenais pas pourquoi il agissait de la sorte. C'était le seul enfant que je voyais réagir de cette façon.

Très vite, nous décidâmes de bannir la fessée et optâmes pour une éducation plus « positive ». Parler, expliquer, écouter les besoins de son enfant plutôt que de taper.

Quatre ans plus tard, je dois dire que cela est un réel succès.
À part quand il tente de monter sur le dos de son petit cousin ou du chien qu'il pense être des chevaux... William est un petit garçon très obéissant et très calme.
Les gens sont assez étonnés et me font très souvent remarquer qu'il est très sage.

9

Mais bien avant cela, il faut croire que mon lâcher-prise, mon comportement et mes plaintes furent perçus comme de la maltraitance envers mon enfant alors que c'était plutôt un appel à l'aide...

Un jour alors que je sortais d'une nuit d'à peine 2 heures de sommeil – car mon fils avait fait nuit blanche –, je ne pus supporter son comportement.
Au petit matin et malgré le peu de sommeil, il était infernal.
Excédée, je lui criai alors que j'allais « lui en coller une ».
Avec le recul, je me rendis compte que mes mots avaient dépassé ma pensée ce jour-là car jamais je ne lui avais parlé de la sorte.

Mais l'une de mes proches qui avait entendu cela me fit remarquer plus tard lors d'une conversation houleuse que je ne savais pas m'occuper de mon enfant et qu'elle appellerait la DDASS[13] !

Je dois admettre que même des années après, ces mots m'ont marquée et resteront gravés dans ma mémoire à tout jamais... Ils ont bien réussi à me faire douter de moi, à me briser tout simplement.

La dépression post-partum que je traversais n'était pas étrangère à tout cela, mais après ces mots, je me persuadai que j'étais une très mauvaise mère, la pire de toutes et que je ne méritais pas mon petit garçon...

Rongée par les remords et le doute, j'annonçai à mon mari que je quittais la maison et que je les abandonnais pour toujours. Il réussit tout de même à m'aider à surmonter ce moment difficile, mais cette idée d'être une mauvaise mère ne me quitta plus et je pensais souvent à abandonner le foyer. J'étais persuadée qu'ils seraient bien mieux sans moi.

Après six ans de vie commune, nous étions au bord du divorce. Notre couple était sur le point de voler en éclat car cette dépression me

---

[13] Directions départementales des affaires sanitaires et sociales, appelés de nos jours ASE Aide Sociale à l'Enfance.

consumait chaque jour et m'empêchait d'aller de l'avant.

Plusieurs fois, j'avais pensé mettre fin à mes jours car je ne trouvais aucune solution, mais malgré ma souffrance, je mettais mes idées noires de côté, je refusais d'abandonner mon petit garçon. Il me donnait encore la force de me battre pour lui.

Cet horrible sentiment de ne pas être une mère parfaite me rappelait à l'ordre à chaque fois que j'entreprenais quelque chose qui le concernait.

Faire des choses de la vie quotidienne devenait un supplice telles que l'emmener ou le récupérer à l'école, lui donner le bain, à manger, le coucher. Je le faisais à contrecœur, je n'y prenais aucun plaisir.

Bien trop souvent, je disais que nos rôles étaient inversés dans notre couple. Mon mari était la femme qui restait bien sagement à la maison à s'occuper de son foyer tandis que moi, j'étais le père trop occupé à travailler et surtout absent !

C'était une vision très primitive de la famille, mais c'est dans ce modèle que j'ai grandi et que mon entourage évoluait. Si bien qu'une fois, on me le reprocha.

Avec le temps, ma vision fut tout autre, il me fallut du temps pour comprendre que nous avions évolué et que ce temps était bien loin. Il me fallut du temps pour en prendre conscience.

Personne ne comprit mon désespoir. Personne ne se mit à la place de la jeune maman complètement perdue et désorientée que j'étais devenue.

Je pensais que quelqu'un m'aurait tendu la main.

En y réfléchissant bien des années plus tard, mon comportement et mes pleurs auraient dû être perçus comme un appel au secours. J'aurais aimé qu'on m'aide à sortir de cette impasse, mais ce fut tout le contraire...

À mon sens, j'avais repris le travail beaucoup trop tôt. La fin de mon congé maternité signa mon retour au « bagne ». C'était très exagéré de penser cela car beaucoup de personnes rêveraient d'avoir mon emploi. Mais avec le temps et la dépression, je détestais de plus en plus mon métier.

En plus, avec le long trajet qui m'attendait chaque jour, cela devenait une sacrée corvée. Et pour en rajouter une couche, la fatigue me rendait irritable au plus haut point.

Je ne voulais qu'une chose, arrêter d'exercer cet emploi et rester avec mon bébé. Passer le plus de temps à ses côtés. Mais il fallait bien payer les factures et survivre...

Dès l'année 2019, nous étions confrontés à une autre problématique car avec les difficultés d'endormissement de notre fils, le soir lorsque mon mari était au travail, je n'arrivais pas à endormir William. Il pouvait parfois s'écouler 3 heures avant qu'il ne s'endorme.

Mon époux qui travaillait à cette époque en restauration à mi-temps rentrait parfois entre 22 h et minuit.

Il prenait aussitôt le relai car j'étais à bout.

Surtout que le lendemain, je devais me lever à 5 heures du matin, faire une heure de trajet afin de me rendre sur mon lieu de travail et par-dessus tout, tenir toute une journée alors que j'avais dormi très peu la nuit.

Avec le manque de sommeil, il craignait que je fasse un accident.

Alors pendant un certain temps, avec mon époux, nous faisions chambre à part.

Pendant qu'un de nous gérait William lors de ses réveils nocturnes, l'autre pouvait se reposer dans une autre pièce et vice et versa.

Etant insomniaque, mon mari insistait souvent pour que j'aille dormir dans une autre pièce afin que je me repose.

Certains couples n'auraient pas supporté ce genre de situation bien longtemps...

Mais cela ne suffit pas. Mon mari dut démissionner de cet emploi en 2020, car ses horaires n'étaient clairement pas compatibles avec le handicap de notre enfant et notre vie de couple.

Et avec tous les symptômes de mon fils, cela n'arrangea en rien mon état. Dès le début, j'étais la seule à penser qu'il avait quelque chose. Personne ne comprenait mes inquiétudes.
Pour les autres – même s'ils avaient constaté son retard de langage et ces gestes étranges qu'il avait l'habitude de faire avec ses mains et son visage –, je me faisais des idées.
Je continuais de vivre avec ce mal-être. Alors je pris enfin la décision de consulter de temps en temps une psychothérapeute pour m'aider à m'en sortir, mais je ne pus honorer le montant des honoraires très coûteux bien longtemps. Mon suivi dans ce cabinet en ville s'arrêta au bout de quelques séances.

Heureusement pour moi, la période COVID arriva. Et je dis « heureusement » dans le sens où, avec le confinement, je bénéficiai du télétravail à 100 %. Grâce à cela, je ne faisais plus de trajets. Je pouvais profiter beaucoup plus de mon fils.
Et puis, pour arranger les choses, même si ce n'était pas régulier, William commençait à faire ses nuits. Je pouvais enfin faire des nuits complètes d'environ 7 heures. Alors qu'avant j'avais d'habitude droit à 2/3 heures de sommeil

par nuit, voire moins. Pas étonnant que je ne tenais plus moralement ni physiquement...

En quelque temps, je devins une autre mère et une autre femme. Beaucoup plus présente, plus compréhensive. Les idées noires avaient disparu. J'avais totalement lâché prise. Je ne voulais plus me concentrer sur mon travail. Même si je n'étais pas totalement guérie, j'avais la volonté d'aller de l'avant et de mettre de côté tous ces mois de souffrance.

Le fait de m'éloigner du travail et de me rapprocher de mon petit garçon avait considérablement amélioré mon état et je décidai de me rattraper.

10

Lors de sa rentrée en petite section de maternelle à l'âge de 3 ans, le comportement de William interpella aussitôt l'équipe éducative.

Il rencontrait d'énormes difficultés en classe, ne participait pas et n'était pas autonome. Il ne s'intéressait pas aux activités que les autres enfants avaient l'habitude de faire (coloriage, collage...).

Il passait son temps à jouer avec ses petites voitures et à faire tourner les roues. Il semblait solitaire et restait dans son coin, même dans la cour de récréation.

J'eux quelques larmes lorsque son ATSEM[14] et la maîtresse me firent savoir qu'il s'isolait et ne

---

[14] Agent territorial spécialisé des écoles maternelles

jouait jamais avec les autres enfants. Je ne pouvais m'empêcher de l'imaginer seul dans sa bulle.

La responsable de la cantine et du périscolaire me faisait régulièrement des petits comptes-rendus de William à la cantine car elle savait que je m'inquiétais.
Il mangea trois fois à la cantine et il faut dire que rien ne se passa comme je l'aurais imaginé. J'en étais malade. Nous ne savions plus quoi faire...
Très rapidement, elle me demanda de retirer notre fils de la cantine car celui-ci refusait de boire ou de s'alimenter et n'était pas du tout autonome.
Elle était très inquiète quant à son comportement. Pour elle, c'était assez inédit.
Je savais exactement de quoi elle parlait car nous vivions exactement la même chose à la maison. Le sujet de l'alimentation était toujours très problématique. Nous avions nous-mêmes des difficultés lors des repas.
Notre fils ne pouvait pas non plus participer à certaines sorties scolaires car il était parfois compliqué à gérer. À chaque fois que cela arrivait, j'avais toujours ce petit pincement au cœur. J'avais l'impression qu'il était puni. Puni d'être différent des autres enfants...
Après une longue discussion avec mon mari, nous n'eûmes pas d'autre choix que de

garder William à la maison pour déjeuner et nous abandonnâmes l'idée du périscolaire.
Niveau salaire, le choix était également vite fait. Mon emploi me permettait de couvrir presque nos dépenses. Mon mari prit donc la décision de quitter son emploi à temps plein car un aménagement d'horaires pour s'occuper de notre fils lui avait été refusé. Il dut chercher en urgence un autre travail avec des horaires en soirée pour pouvoir s'occuper de lui le midi et en journée.
En novembre 2021, il retrouva un emploi dans un fast-food, mais dut réduire son activité en contrat à temps partiel car il ne trouvait pas de travail en fonction des horaires de repas et garderie de notre fils. Ce qui engendra évidemment une énorme perte de salaire pour notre foyer et des difficultés financières du jour au lendemain...
Chaque jour, mon mari emmenait William à l'école le matin à 8 h 50, le récupérait à 12 h 00 et le ramenait à l'école pour 14 h 00 puis retournait le chercher pour 16 h 50. Et le soir vers 16 h 30/17 h 00, une fois rentrée du travail, je prenais le relai afin que mon mari puisse travailler en soirée.
C'est ainsi que se déroulaient nos journées...
Cela dura pratiquement un an et je ne voyais presque pas mon homme car nous nous croisions en coup de vent. Lorsque je rentrais du travail, il partait travailler à son tour.

Le matin, je quittais la maison à 6 h 30 pour me rendre sur mon lieu de travail situé à une heure. Je ne pouvais même pas embrasser mon fils ou souhaiter une bonne journée à mon mari…

Quant à son nouvel emploi, ses horaires étaient assez compliqués et il avait beaucoup de mal à s'y habituer, mais nous n'avions pas le choix. Il travaillait en général entre 16 h et 2 h du matin, parfois la journée et dormait très peu, 1 h ou 2 par nuit.

Malheureusement, il ne put tenir plus d'un an… Nous nous retrouvions avec un seul emploi pour gérer tout le foyer.

11

*L*ors de sa première réunion parents-professeurs, la directrice de l'école – qui était également sa maîtresse – nous conseilla de prendre rendez-vous au CAMSP[15]. Tout comme moi, elle avait très rapidement constaté des difficultés ou des retards dans son développement.

Nous acceptâmes sans grande conviction car nous étions déjà persuadés que cela ne servirait à rien ! Jusqu'ici, tous les professionnels de santé qui avaient ausculté William depuis bébé étaient incapables de nous dire ce qu'il avait.

Mais en même temps, nous n'avions jamais entendu parler de cet établissement médico-

---

[15] Centre d'Action Médico-Sociale Précoce

social et jamais nous n'avions envisagé cette possibilité alors quitte à tenter le tout pour le tout...
Cela ne pouvait durer... Il était temps d'agir !

Au mois de novembre 2021, William fut pris en charge au CAMSP pour suspicion d'autisme - TSA, ce que je pensais depuis toujours.
Et je dois bien avouer que j'avais entièrement tort... Pour la première fois de notre vie, nous nous sentions soutenus !
Je n'assistais pas souvent aux séances de William car j'étais tout le temps au travail, papa l'accompagnait à ses rendez-vous médicaux. Mais le peu de fois où j'ai pu m'y rendre, je sentais bien que mon fils devenait chaque jour un autre petit garçon.
Cette équipe bienveillante (composée d'une orthophoniste, d'une psychologue, d'une psychomotricienne et d'une pédiatre) a su nous aider à y voir plus clair. C'était bien la première fois en 3 ans que nous nous sentions épaulés et je ne les remercierai jamais assez pour cela.
Il voyait son orthophoniste 2 heures par semaine, la psychomotricienne 1 heure. Il était également suivi parfois par la psychologue et la pédiatre.
Nous avions pu constater très rapidement les progrès de notre fils et après toutes ces années

dans le doute, notre moral commençait petit à petit à revenir.

William était placé sur liste d'attente afin de passer des tests de détection de l'autisme dans le but d'établir un bilan neuropsychologique. Nous avions été prévenus que les délais étaient longs et qu'il pouvait y avoir facilement un an d'attente.

La maîtresse prépara aussitôt un dossier GEVA-sco[16] et tous les papiers nécessaires afin qu'il puisse bénéficier d'une aide humaine car sans, il deviendrait difficile de l'aider à évoluer en classe.

Après le dépôt du dossier au mois de février 2021 auprès de la MDPH[17], une

____

[16] Le GEVA-sco concerne tous les enfants/adolescents scolarisés, y compris les élèves accueillis dans un établissement médico-social, dont les situations nécessitent notamment une compensation du handicap, des aménagements, l'élaboration d'un projet personnalisé de scolarisation (PPS).
Quel que soit le mode de scolarisation et le handicap de votre enfant, dès lors que vous déposez un dossier auprès de la maison départementale des personnes handicapées (MDPH), le GEVA-sco constitue un outil incontournable entre l'établissement scolaire de votre enfant et la MDPH.
(Source https://www.monparcourshandicap.gouv.fr/scolarite/quest-ce-que-le-geva-sco)
[17] Maison départementale pour les personnes handicapées

notification d'attribution nous fut adressée au mois de juin 2021.

William se voyait attribuer l'aide d'une AESH[18] 20 h par semaine. Encore fallait-il trouver une AESH car en campagne cela semblait le parcours du combattant...

Nous avions aussi demandé à l'assistante sociale du CAMSP si une aide était possible pour nous aider à compenser la perte de salaire car son papa avait arrêté de travailler pour s'occuper de lui.
Elle nous aidait évidemment dans nos démarches et nous avions établi une demande d'AEEH[19].

L'aide financière versée par la CAF[20] nous fut attribuée en juillet 2021 avec une rétroactivité depuis le mois de février, date à laquelle nous avions établi la demande.

William dut attendre l'année suivante pour être accompagné d'une AESH. À sa rentrée scolaire, en moyenne section de maternelle, le 5 septembre 2022, cette personne était notifiée pour le prendre en charge et s'occuper de lui sur le temps scolaire, mais pas en dehors.

Même si la maîtresse constatait quelques évolutions depuis l'année précédente, il avait

---

encore beaucoup de difficultés dans la réalisation des activités scolaires. Il ne s'intéressait pas à tout ce qui relevait du domaine créatif (coloriage, découpage, dessin, collage…).

Il appréciait tout de même les puzzles, mais ses activités en classe étaient très limitées.

Heureusement, son AESH le soutenait et l'épaulait dans toutes les activités. L'équipe éducative était également très prévenante envers lui. Ce fut un véritable soulagement de savoir que William était chaque jour bien entouré.

Au mois d'août 2022, lors d'un mariage, je fis la connaissance d'une personne qui était éducatrice spécialisée. Elle avait l'habitude de côtoyer chaque jour des enfants en situation de handicap.

Toujours préoccupée par la situation de mon fils, je décidai d'interpeller cette personne pendant ce mariage au sujet de mon fils. Peut-être qu'elle pourrait m'en dire plus.

Je lui expliquai notre vécu et la réaction des professionnels de santé face aux symptômes de mon fils. J'en vins à lui demander son avis là-dessus.

Après avoir observé mon fils et d'après son expérience, elle remarqua aussitôt que celui-ci présentait un comportement d'enfant autiste.

Nous pûmes discuter une grande partie de la soirée et elle me donna énormément de conseils qui – après les avoir mis en application – me furent très utiles, notamment sur la propreté. Il s'agit de la même personne qui m'a conseillée pour les pictogrammes et tant d'autres choses.

12

Quelque temps plus tard, nous avons eu le projet de vendre notre maison et de déménager en ville afin de regagner Dijon, mais étant donné la situation de notre fils, nous préférâmes rester sur Arnay-le-Duc.
Il avait enfin trouvé ses repères à l'école et dans son environnement.

Son suivi au CAMSP était adapté et il se familiarisait avec tout ce qui l'entourait. Nous ne souhaitions pas bousculer ses habitudes pour l'instant.

William passa tout de même en moyenne section de maternelle et fit sa rentrée sans aucun problème.

Il semblait heureux de revenir à l'école et était toujours très motivé quand il fallait se rendre en classe.

La maîtresse nous fit remarquer qu'il avait fait énormément de progrès comparé à l'année passée.

Mais j'appréhendais toujours quand je le récupérais à l'école. À chaque fois, j'avais peur qu'on m'annonce le pire.

J'étais enfin soulagée car même si les difficultés étaient encore bien présentes, certaines choses s'arrangeaient.

Ses ATSEM étaient également très fières de lui, ce qui me conforta dans l'idée de ne pas avoir déménagé.

À mon sens, nos projets étaient secondaires. Notre fils et son bien-être étaient notre priorité.

Nous avions dû faire des concessions et revoir tous nos plans, mais nous ne regrettions absolument rien.

13

$\mathcal{A}$u mois de septembre 2022, nous fûmes contactés par la neuropsychologue du siège du CAMSP à Dijon.

Après plus d'un an sur liste d'attente, William devait enfin passer différents tests afin d'effectuer un bilan neuropsychologique permettant d'évaluer son niveau d'autisme.

En amont, nous avions déjà complété des tests écrits sous forme de questionnaires. Il y eut plusieurs documents à renseigner :

- CHAT [21]

---

[21] C.H.A.T. ou Check-list for Autism in Toddlers

Le C.H.A.T. est un test psychométrique constitué de deux questionnaires : l'un réservé aux parents, l'autre au médecin ou travailleur social. Le questionnaire pour les parents compte 9 items qui testent plusieurs domaines de développement,

- PROFIL DE DUNN [22]
- VINELAND [23]

Lors de ces tests, il eut **un entretien d'anamnèse** en notre présence. La psychologue et la psychomotricienne du CAMSP procédèrent à **une observation psychomotrice** de William.
Nous discutions de William, de ses symptômes et de toutes ces années d'inquiétude. Pendant que la psychologue s'entretenait avec nous et

---

dont ceux qui intéressent l'autisme, mais aussi d'autres domaines, comme par exemple le développement moteur. Le questionnaire destiné aux examinateurs extérieurs compte les 5 items spécifiques à l'autisme.

[22] Le profil de Dunn est un outil d'évaluation sous forme de questionnaire standardisé. Les parents (ou une personne qui s'occupe de l'enfant) remplissent le questionnaire. Les données sont complétées par un entretien et/ou des observations. Un rapport est rédigé, contenant les résultats et les pistes de solution. Le but de ce questionnaire est de permettre de définir le profil sensoriel de l'enfant / du jeune, afin de mieux comprendre l'impact sur les performances dans sa vie quotidienne. Proposer des aménagements et / ou une rééducation sensorielle selon les besoins.

[23] Échelle d'Évaluation du Comportement Adaptatif. La Vineland permet d'estimer les capacités d'adaptation de l'enfant en analysant son comportement dans 4 domaines de fonctionnement socio-adaptatif : la communication (réceptive, expressive, écrite), l'autonomie (personnelle, familiale et sociale), la socialisation (relations interpersonnelles, loisirs, capacités d'adaptation), la motricité (globale et fine).

prenait des notes, il jouait avec la psychomotricienne. Elles constatèrent très rapidement les gestes de crispation avec ses mains et son visage.

Nous fûmes ensuite convoqués lors du rendez-vous suivant avec la neuropsychologue et la psychomotricienne afin d'établir une **échelle d'observation pour le diagnostic de l'autisme (ADOSS-ll)** en notre présence également.

Ce jour-là, William jouait avec la neuropsychologue pendant qu'il était filmé par la psychomotricienne.

J'eus cette impression étrange que mon fils était une sorte de cobaye et qu'il était là pour une expérience scientifique...
Nous, parents, ne devions pas intervenir et devions les laisser jouer.

Et lors du troisième et dernier test, la neuropsychologue partit seule avec William dans son bureau afin de procéder à une **évaluation du niveau de développement et de son efficience intellectuelle (test psychométrique).**
Très prévenante, comme à notre arrivée, à la fin du rendez-vous, elle nous expliqua ce qu'elle avait fait avec lui. Il avait dessiné et effectué quelques activités.

Pendant cette séance, nous patientâmes dans la salle d'attente et je paniquai quand je vis le temps passer. William n'avait pas l'habitude d'être seul, sans ses parents. J'appréhendais sa réaction, mais finalement tout se passa extrêmement bien. J'étais tout de suite rassurée.

Que ce soit dans notre campagne ou à Dijon, je pouvais assurément dire que ces professionnels étaient formidables !

Heureusement, avec mon époux, nous n'étions pas du genre à cacher nos sentiments car la communication au sein de notre couple était à notre sens primordiale.
Il me fit savoir qu'il vivait exactement la même chose que moi, mais qu'il n'avait jamais réussi à l'exprimer.
Le fait que notre fils effectue tous ces tests lui avait fait prendre conscience de son handicap. Il me confia que pendant toutes ces années, il n'avait jamais réalisé ce qui se passait. Il m'avoua qu'il s'était certainement voilé la face pour ne pas avoir à affronter cette dure réalité qu'était l'autisme et qu'il avait lui-même du mal à gérer.

Il en venait aussi à se poser certaines questions sur son enfance car parfois, dans certains comportements, il se revoyait en William.

Il décida de passer des tests au CRA[24] afin de confirmer cela. Pour cela, il devait d'abord être suivi par un psychologue avant de pouvoir réaliser ces tests.

[24] Centre de Ressources Autisme

14

$\mathcal{A}$u mois de juin 2022, nous apprîmes

que nous allions être parents une seconde fois d'un deuxième petit garçon.

Moi qui m'étais juré de ne plus jamais avoir d'enfants, je pouvais dire que j'étais la femme la plus heureuse du monde. Mon mari était également fou de joie.

Les examens et le suivi de grossesse débutèrent et en discutant avec la gynécologue de l'hôpital qui me suivait pour les échographies, celle-ci me conseilla de prendre rendez-vous avec une sage-femme pour parler de mon premier accouchement qui s'était mal passé, de la période après l'accouchement et des difficultés de mon enfant.

Je fus très rapidement mise en relation avec une psychologue de l'hôpital qui exerçait également au CAMSP.

Pour la première fois de ma vie, je me sentais entourée par une équipe de professionnels bienveillants. Que ce soient mes gynécologues, les sages-femmes, la psychologue et toutes les personnes qui me suivaient, j'étais très bien entourée et parfaitement conseillée. C'était si agréable de se sentir écoutée et épaulée.
Je regrettais tellement de ne pas avoir connu cela pour mon petit William. Cela aurait sûrement changé bien des choses...

La psychologue fut d'un grand secours. Nous abordions souvent le TSA de mon fils qui était pour moi un sujet délicat. Heureusement, elle maîtrisait parfaitement le sujet et me conseilla même sur le suivi scolaire de William après la maternelle. Elle évoqua les différents parcours scolaires à envisager, tels que

SESSAD[25], ULIS[26] ou IME[27] et le type de suivi à mettre en place pour notre fils après ses 6 ans.

Nous abordions aussi ma seconde grossesse car même si j'étais très heureuse, j'appréhendais tout de même. Je refusais de

[25] Le Service d'Éducation Spéciale et de Soins à Domicile est un service d'accompagnement des enfants en situation de handicap, tourné vers la prise en charge précoce, l'accompagnement des familles, l'aide au développement de l'enfant, le soutien à la scolarité ou à l'acquisition de l'autonomie. Il s'agit d'une aide permettant à l'enfant de vivre dans un cadre ordinaire : crèche, école, loisirs, etc., soit dans les différents lieux de vie et d'activité de l'enfant ou de l'adolescent.

[26] Une ULIS accueille des **élèves en situation de handicap** en petit groupe, dans une classe dédiée au sein d'un **établissement scolaire ordinaire**. Ce dispositif permet aux élèves, entre autres, d'intégrer une classe ordinaire dans certaines matières selon leurs compétences. L'orientation en ULIS doit être notifiée par la CDAPH. Cette orientation a pour but de permettre aux élèves de suivre un **apprentissage adapté** à leurs besoins et à leur rythme tout en restant dans un établissement scolaire ordinaire. La réunion d'Équipe de Suivi de Scolarisation (ESS) élaborera le Projet Personnalisé de Scolarisation (PPS). Ce PPS définira les aménagements et les adaptations nécessaires à l'élève.

[27] Les Instituts médico-éducatifs ont pour mission d'accueillir des enfants et adolescents handicapés atteints de déficience intellectuelle, quel que soit le degré de leur déficience. L'objectif des IME est de dispenser une éducation et un enseignement spécialisés prenant en compte les aspects psychologiques et psychopathologiques en recourant à des techniques de rééducation.

revivre ce que j'avais vécu avec William pendant ces quatre dernières années.

Elle m'expliqua notamment la différence entre baby blues et dépression post-partum[28].

Pendant des années, je pensais avoir fait un baby blues, mais ce n'était pas le cas car ce syndrome ne durait que quelques jours.

Selon elle, ce que j'avais fait s'apparentait plus à une dépression post-partum car cela dura plusieurs mois, des années.

Elle m'expliqua que comme tout type de dépression cela mettait des années à s'arranger et qu'il n'était pas facile d'en sortir.

Je me rendis compte qu'il me fallut attendre quatre ans pour savoir ce que j'avais véritablement...

---

[28] La dépression post-partum est un état dépressif plus ancré, qui se déclenche, environ 6 à 8 semaines après l'accouchement et dure beaucoup plus longtemps. La mère vit cet état comme une défaillance personnelle et ressent une profonde tristesse sans raison apparente ; pleurs fréquents inexpliqués ; épuisement permanent ou problèmes de sommeil (dormir trop ou pas assez) ; sentiment de dévalorisation ou culpabilité excessive (impression d'être un mauvais parent, difficulté à établir un lien avec son bébé) ; irritabilité ; anxiété extrême (surtout en ce qui a trait au bien-être de son enfant) ; incapacité à s'occuper correctement de son enfant ou refus de passer du temps avec lui ; désintérêt pour les activités aimées auparavant ou manque de plaisir durant celles-ci ; changement d'appétit ; sentiment que les choses ne s'amélioreront jamais ; tendance à s'isoler ; idées suicidaires.

Je décidai de poursuivre les consultations avec elle car il était évident que je n'étais pas guérie. Je ressentais souvent quelques symptômes de cette fichue dépression dans mon quotidien et je voulais m'en sortir.

Et puis, j'étais persuadée que cette personne m'aiderait à apaiser ce mal-être qui me rongeait depuis tout ce temps.
Pour le bien de mes enfants, celui de mon mari et surtout pour le mien, je devais faire quelque chose.

15

Après cela, je pris la décision de m'intéresser d'un peu plus près à l'autisme et à toutes ses spécificités. Je souhaitais comprendre et m'informer davantage sur ce trouble neurodéveloppemental.

Ma psychologue m'encourageait vivement à poursuivre l'écriture. Écrire ce livre sur mon fils était pour moi une sorte de thérapie, en quelque sorte une délivrance. C'était aussi un bon moyen de témoigner de mon ressenti en tant que mère d'un petit enfant autiste.

J'avais même déjà en tête de créer plus tard ma propre association. J'avais le désir d'accompagner les parents qui – comme dans mon cas – se posent des questions, se sentent désemparés et cherchent de l'aide.

Cette association permettrait également d'informer les personnes désireuses d'en savoir plus sur l'autisme et de mieux l'appréhender.

Je décidai de faire de ce handicap mon cheval de bataille. Ce projet était sûrement une pure utopie, car j'envisageais tellement d'actions pour faire évoluer notre société de ce côté-là ! Mais c'était aussi ma façon à moi de changer le monde et de le rendre plus beau.

Et chaque jour, le destin me rappelait que j'avais entrepris à bras-le-corps cette sorte de mission...

Un jour, lors d'un entretien téléphonique avec ma conseillère financière, j'évoquai ma situation et la perte d'emploi de mon époux dû au handicap de notre fils.

Celle-ci m'arrêta instantanément, changea de voix et me dit d'un air confus (enfin, ça me fit cette impression sur le coup) : *« Madame Cazal, je suis désolée de vous dire ça, mais puisque vous en parlez, je change de casquette... Je ne vous parle plus en tant que conseillère, mais en tant que maman... »*

Je devais bien avouer que ce fut une grande première. Jamais un inconnu ne m'avait confié sa vie de cette façon. Alors elle m'expliqua les difficultés qu'elle rencontrait au quotidien avec son fils âgé d'un an et demi. Elle soupçonnait que son enfant était autiste, mais n'était sûre de rien.

Pour avoir une idée, elle me demanda les symptômes de l'autisme car elle en avait repéré quelques-uns et parmi ceux que je pus énumérer, elle reconnut son enfant à travers certains.

Tout comme moi, elle avait demandé de l'aide auprès de nombreux professionnels de santé, en vain.

Pour moi, c'était assez inédit car jamais je n'avais été interpellée à ce sujet. Mais je ressentis très vite comme une sorte d'appel à l'aide.

Jamais je n'avais pu échanger avec des parents sur l'autisme. Ce fut bien la première fois que je pouvais en parler à quelqu'un qui vivait presque mon quotidien. C'est triste de dire cela, mais j'étais comme soulagée de constater que je n'étais pas la seule dans ce cas.

Évidemment, ce fut avec grand plaisir que je tentai de répondre à ses interrogations et je lui partageai rapidement mon expérience.

Dans un premier temps, je lui conseillai de ne pas se fier aveuglément aux avis des praticiens.

Pour ma part, si j'avais suivi à la lettre tout ce que j'avais pu entendre au sujet de mon fils depuis bébé, celui-ci aurait été en hôpital psychiatrique à ce jour...

Je lui demandai de bien observer les comportements de son enfant et de tenter de les analyser, d'être à son écoute et de se fier à son instinct de maman.
Je l'orientai enfin vers les professionnels du CAMSP si elle soupçonnait des comportements atypiques.

Nous échangeâmes quelques minutes sur l'autisme, notre ressenti en tant que maman et tout comme moi, elle me confia qu'elle se sentait si seule et abandonnée. Elle ne savait pas comment agir et vers qui se tourner.

En un instant, je me revis à mes débuts lorsque, jeune maman, je cherchais désespérément de l'aide pour mon enfant.

Sur ces mots, nous reprîmes là où nous en étions restées.

J'avais cette impression de lui avoir redonné de l'espoir. Ce jour-là, pendant ces quelques minutes au téléphone, elle n'avait certainement pas eu toutes les réponses à ses questions – car n'ayant aucune formation sur le sujet, j'étais loin de les avoir – mais grâce à mon vécu, j'avais pu l'aiguiller dans ses recherches.
Si à l'époque, j'avais pu trouver une oreille attentive et quelqu'un pour me conseiller, cela m'aurait évité tellement de peines et de tracas...

À l'école de mon fils, je sympathisai plus tard avec une maman qui m'expliquait que son petit était suivi au CAMSP pour suspicion d'autisme.

Pendant qu'elle se confiait, je la sentais totalement désemparée. Car tout comme moi il y a quelques années, je pouvais ressentir toute son angoisse.

Je tentais de la rassurer du mieux que je pouvais. Je voulais tellement l'aider, mais pour cela il fallait encore attendre de poser un diagnostic. En attendant, j'essayais d'être une oreille attentive dans la plus grande bienveillance car je savais bien comment cela pouvait être dur de ne pas être écouté et compris.

16

Quelques jours plus tard, branchée sur une chaine d'infos, j'apprenais la mort d'un enfant autiste âgé de 11 ans. La mère qui était la principale suspecte fut placée en garde à vue. Celle-ci avait avoué plus tard qu'elle était à l'origine de l'assassinat de son propre enfant avec une arme blanche.

En entendant cela, je ne tardai pas à pleurer toutes les larmes de mon corps car étant donné que moi-même j'étais maman d'un petit garçon autiste, cette information m'avait beaucoup affectée.

Je ne connaissais pas les raisons qui avaient poussé cette mère à agir de la sorte.

Et je ne souhaite en aucun cas la juger et faire son procès à travers ce livre.

Selon les médias, elle n'aurait pas su gérer les crises de son enfant ce jour-là et aurait été à bout. Ce qui l'aurait poussée à commettre l'irréparable.

Je tenais à évoquer cette triste affaire qui m'a énormément émue car j'étais persuadée que cela arriverait un jour...
Et puisque nous vivons une époque où les polémiques font rage et que tout – ce que vous direz tout haut et que tout le monde pense tout bas – sera retenu contre vous, j'ose espérer que mes propos vis-à-vis de cette affaire ne seront pas déformés ou amplifiés.
À mon sens, ce drame – comme beaucoup d'autres – aurait pu être évité.
Je ne cautionne en aucun cas cet horrible crime qu'a commis cette personne et je condamne cet acte avec la plus grande fermeté. Mais ayant moi-même vécu des moments extrêmement difficiles avec mon fils, j'ai tenté de me mettre un instant à la place de cette mère d'enfant autiste et j'ai pu imaginer son désarroi.

Je n'ai jamais compris que les parents d'enfants porteurs de ce handicap ne puissent pas bénéficier d'un encadrement adapté afin de les épauler au mieux dans ce quotidien.
Cela aurait permis à de nombreux parents une meilleure compréhension de ce handicap et une meilleure gestion, mais au lieu de ça, rien n'est proposé et surtout, rien n'est fait ! En tout cas,

si cela existe réellement, jamais rien ne m'a été proposé. Pas une fois je n'ai entendu parler de ce type de dispositif !

Alors cette interrogation revient à chaque fois : si les professionnels de santé sont eux-mêmes largués, comment nous, parents, pourrions-nous ne pas l'être ?

Certes, je n'aurais certainement pas agi comme cette mère car ma vision de l'autisme au bout de quatre ans a changé du tout au tout.

Et le TSA se manifeste à travers plusieurs degrés, c'est la raison pour laquelle on parle de spectre.

William n'est certainement pas situé au niveau le plus élevé. Mais j'ai appris à vivre avec et à m'y adapter.

J'ai toujours voulu me battre pour mon fils et même lorsque je voyais certaines portes se refermer car personne pouvait me venir en aide, je n'ai jamais cessé de me battre pour lui, même dans les moments les plus difficiles. Mais je peux tout à fait comprendre que cette femme ait été désemparée à un moment de sa vie car comme beaucoup de ces parents, elle n'a sûrement pas eu la possibilité d'être soutenue et accompagnée...

C'est cela que je reproche à nos têtes bien pensantes.

Les jours suivants, un autre fait divers éclatait dans la presse.

Un enfant de 10 ans était privé de cantine à Lyon car il avait fait une crise de panique en l'absence de son maître-référent de classe Ulis.

La mère de ce dernier devait alors quitter son travail, prendre les transports en commun et faire une heure de trajet aller et une heure retour pour rejoindre l'école afin de déjeuner avec son fils dans le froid car ils n'avaient aucun endroit pour manger.

En entendant cela, je me demandai si nous étions réellement en France, pays des droits de l'homme...

Comment l'établissement scolaire avait-il pu prendre une telle décision ? Comment pouvaient-ils laisser cet enfant et cette mère dans cette situation ? C'était impensable !

Il se passa un certain temps avant qu'une solution ne puisse être envisagée et évidemment, il fallut l'aide de la presse pour résoudre cette affaire.

Grâce aux divers articles, l'enfant en question put réintégrer le service de cantine scolaire après que la mairie eut embauché un AESH sur ses heures de repas.

S'il fallait en arriver jusque-là pour jouir de ses droits...

Je savais très bien que ces faits divers n'étaient pas les premiers ni les derniers... Mais je refusais d'accepter cela ! De mon côté, j'étais prête à agir pour ces petits enfants et leurs parents en détresse. Mon projet d'association grandissait chaque jour dans un coin de mon esprit.

17

Le mardi 13 décembre 2022, nous avions rendez-vous avec la neuropsychologue et la pédiatre du CAMSP pour le compte-rendu des tests effectués en amont.

Lorsque le bilan nous fut dévoilé, je m'effondrai en larmes : « *En fonction des questionnaires remplis et des tests effectués, et par rapport à ce que vous nous avez dit et ce qu'on a pu observer, nous pouvons déterminer la présence d'un TSA - niveau 2 moyen* » fit la neuropsychologue.

*

Le DSM 5[29] est publié en mai 2013, il a donc été réactualisé récemment par l'American Psychiatric Association (APA) ou association américaine de psychiatrie, la version 4 datait de 2000. La version 5 du DSM a fait naître une controverse importante au sein de la communauté de scientifiques et de professionnels s'intéressant à la thématique de l'autisme car elle abandonne les anciennes sous-catégories, au profit d'un unique spectre avec une qualification de l'intensité des troubles. Le syndrome d'Asperger disparaît, ce qui a entraîné de vives critiques de la part de cette communauté (dont l'identité trouvait sa source dans l'ancienne catégorisation), mais aussi de la part des psychiatres et psychologues spécialisés.

Le Diagnostic and Statistical Manual of Mental Disorders cinquième édition (DSM-5) ne parle plus de triade autistique mais de dyade autistique et abandonne la dénomination en vigueur dans le DSM-4 et la CIM-10, les Troubles Envahissants du Développement (TED) disparaissent au profit des Troubles du Spectre de l'Autisme (TSA).

Dans le DSM-5, les TSA regroupent l'ensemble des diagnostics précédents suivants : les troubles autistiques, le syndrome d'Asperger, les troubles désintégratifs de

---

[29] Manuel diagnostique et statistique des troubles mentaux

l'enfance et les troubles envahissants du développement non spécifiés ou autre TES. Le syndrome de Rett disparaît de cette catégorie.

Le diagnostic précise trois niveaux de sévérité de l'autisme.

<u>*Niveau 1 : nécessite un soutien*</u>
Communication sociale :
Sans soutien en place, déficits au niveau de la communication sociale provoquant des déficiences notables. Difficulté à initier des interactions sociales, exemples clairs de réponse atypique ou échec aux ouvertures sociales des autres. Semblance d'un intérêt diminué pour les interactions sociales.

Comportements répétitifs et restreints :
Inflexibilité du comportement, interférence significative avec le fonctionnement dans un ou plusieurs contextes. Difficulté de commutation entre les activités. Problèmes d'organisation et de planification entravant l'indépendance.

<u>*Niveau 2 : nécessite un soutien important*</u>
Communication sociale :
Déficits marqués au niveau des compétences de communication sociale verbale et non verbale. Atteintes sociales apparentes,

même avec supports en place. Initiation limitée des interactions sociales, avec réponses réduites ou anormales aux ouvertures sociales des autres.

Comportements répétitifs et restreints :
Inflexibilité du comportement, difficultés à s'adapter au changement. D'autres comportements restreints / répétitifs assez fréquents pour être évidents à l'observateur occasionnel et interférer avec le fonctionnement dans plusieurs contextes. Difficultés à changer d'orientation ou d'action.

<u>Niveau 3 : nécessite un soutien très important</u>
Communication sociale :
De graves déficits au niveau des compétences de communication sociale verbale et non verbale, provoquant des déficiences graves dans le fonctionnement. Initiation très limitée des interactions sociales et une réponse minimale aux avances sociales des autres.

Comportements répétitifs et restreints :
Manque de souplesse des comportements, difficulté extrême à faire face au changement ou d'autres comportements restreints / répétitifs interférant nettement avec le fonctionnement dans tous les domaines

et grande détresse / difficulté à changer d'orientation ou d'action.

*

La neuropsychologue nous fit un retour très détaillé de chaque test effectué et avec la pédiatre, elles nous conseillaient quelques pistes pour mieux gérer son handicap.
Mais ces larmes n'étaient pas des larmes de tristesse ou d'incompréhension. Elles étaient pour moi un véritable soulagement. Cela faisait 4 ans que j'attendais des réponses. Cela faisait 4 ans que je vivais avec un petit garçon porteur de TSA sans que je le sache. Et pourtant psychologiquement, je m'y étais déjà préparée.

Bien avant ce diagnostic, j'étais déjà prête à accepter ce handicap et à me battre pour lui. Au fond de moi, je le savais depuis toujours.

Pendant cet entretien, je ne cessai de remercier les deux femmes de tout mon cœur. Elles ne durent pas comprendre ma réaction. Aucun parent n'aurait sûrement réagi de la sorte face à l'annonce du handicap de leur enfant. Mais moi, j'avais enfin toutes les réponses à mes questions. Cette incompréhension, ces angoisses avaient enfin disparu.
Aucun professionnel de santé n'avait pu m'aider pendant toutes ces années.

À cet instant, je fis une étrange comparaison. C'était comme si j'étais condamnée à mort et que d'un coup, j'apprenais que cette condamnation était annulée. Cela me fit cette impression.

Pendant tout ce temps, l'incertitude et les doutes m'avaient envahie et d'un coup, ils disparaissaient ! Très vite, ce poids que je portais depuis 4 ans se volatilisa.

Grâce à ce diagnostic, j'allais enfin pouvoir anticiper et entrevoir l'avenir afin d'aider mon petit garçon.

En annonçant le résultat à mes proches et à mon entourage, les réactions furent similaires. La désolation et le chagrin se lisaient dans leurs retours. Ils étaient tous attristés par cette nouvelle alors que de mon côté, elle était au contraire perçue comme une délivrance.

Je ne ressentais pas la même émotion que toutes ces personnes car je vivais ce handicap au quotidien. Depuis quatre ans, il faisait maintenant partie de nos vies.

Cependant, si cette annonce affectait certains, d'autres s'en fichaient royalement et n'ont jamais pris de nouvelles ! Les mêmes personnes avec qui nous étions proches et qui ne connaissaient notre fils qu'en photo.

Même des inconnus ou des gens que nous ne connaissions à peine nous soutenaient plus dans cette épreuve que ces personnes !

Ce handicap touchait un petit enfant tout de même. Un enfant !

Je ne crois pas que j'aurais agi de la sorte...

Mais que pouvions-nous faire face à l'indifférence des gens ?

De mon côté, famille ou pas, j'avais déjà décidé de couper les ponts depuis bien longtemps avec toutes ces personnes et ne vivais que pour ma petite famille. Ce qui n'était pas le cas de mon mari qui vivait très mal cette situation étant donné qu'il se sentait déjà bien ignoré et isolé.

18

De retour à la maison, quelques

jours plus tard, je ne pus m'empêcher de repenser à tout ce qui avait été évoqué lors de cet entretien et très vite, l'émotion me submergea. Il fallait croire que la pression retombait petit à petit.
Ce n'était pas de la tristesse. C'était sûrement un sale coup des hormones de grossesse qui avaient le don de me mettre dans de sacrés états depuis quelques mois ! Ou tout simplement que je repensais plutôt à ces quatre années difficiles. Je pouvais enfin lâcher prise et me dire que tout irait bien à présent.

Nous étions assis tous les trois dans le canapé. Mes deux hommes regardaient la télé et là, perdue dans mes pensées, soudain, je ne pus

contenir mes larmes. Je faisais tout pour que William, qui était assis entre nous deux, ne ressente pas mon chagrin, mais il n'était pas dupe...
Il se tourna vers moi à plusieurs reprises, je tournai la tête dans l'autre direction. Il se leva, tint mon visage, l'analysa et me dit en souriant « pleure pas, maman » alors qu'il ne s'adressait jamais à moi de cette façon et qu'il n'avait pas pour habitude de ressentir les émotions, lui qui riait tout le temps quand quelqu'un pleurait.

Sa réaction fut une sorte d'électrochoc. William avait enfin réagi. J'avais l'impression que c'était sa façon de me réconforter.
Je compris enfin qu'il ne souffrait pas, qu'il n'était pas malade. Il était juste parfois dans sa bulle. Il était certes porteur de ce handicap, mais pour lui tout allait bien.
Je serrai mon petit garçon dans mes bras. Je lui répétai que je l'aimais de tout mon cœur et je lui jurai que je serais toujours là pour lui.
Il se rassit et fixa la télévision comme si de rien n'était.

Au mois de Novembre 2022, nous décidions d'adopter pour la seconde fois un animal à la SPA[30]. Plusieurs fois, notre fils avait montré un grand intérêt pour les chiens. Alors

---

[30] Société Protectrice des Animaux

nous pensions qu'un compagnon aurait pu l'aider à évoluer.

Nous demandions d'abord l'avis de son orthophoniste qui nous confirma qu'un chien pouvait avoir des effets thérapeutiques sur les personnes.

Quelques années après notre magnifique chat nommé Blue, nous accueillions notre chienne, la belle Romy.

Son arrivée dans notre famille fut très bénéfique pour William qui était enfant unique. Il pouvait s'amuser avec elle. Très vite, nous constations qu'il s'exprimait plus que d'habitude et qu'il avait une certaine complicité avec Romy. Alors qu'avec les gens, il n'avait pas les mêmes interactions.

C'était encore une petite victoire. Nous étions comblés de le voir heureux !

19

Avec le temps, je suis devenue une autre maman. Une maman beaucoup plus patiente et surtout plus présente.

En quatre ans, William a beaucoup évolué, mais certains symptômes (comme le retard du langage, la crispation des mains et du visage, le changement d'habitude, etc.) sont toujours bien présents. Nous allons devoir vivre avec et apprendre à mieux les gérer.

Même si j'ai l'impression d'avoir manqué les premières grandes étapes de la vie de mon fils et que je ne me considère toujours pas comme une « vraie maman », j'ai décidé de faire le maximum pour rattraper tous ces moments perdus, ces instants volés lorsque j'étais trop occupée au travail alors que j'aurais préféré être à ses côtés.

J'envisage pour commencer une reconversion professionnelle. D'autres projets sont en cours de réflexion.

J'espère que ces changements nous rapprocheront encore plus.

À présent, je n'ai plus de doutes car grâce au CAMSP qui a rapidement pris en charge William, je suis fixée sur le handicap de mon petit garçon.

Je suis triste car je sais qu'un long parcours nous attend et que cela prendra du temps. Mais je suis en même temps soulagée car après 4 années d'incertitude, à présent, je sais !

Je n'aurais jamais pensé que cela m'arriverait et surtout pas avec mon premier enfant que j'ai tant désiré.

Cette blessure enfouie à l'intérieur de mon cœur de maman ne guérira probablement jamais car ce que j'ai vécu, je ne pourrai jamais l'oublier.

Comme beaucoup de parents, je crois que toute ma vie je me rappellerai ces jours et ces nuits où j'ai pu pleurer, toutes ces fois où je me suis sentie seule, incomprise et jugée face à l'autisme de mon fils.

Le manque de considération des autres et surtout de nos proches a été une véritable épreuve.

J'ai souvent ressenti de l'épuisement en raison des troubles du sommeil de mon enfant...

Je me suis souvent dit que personne ne comprenait ce que je vivais au quotidien...

Je me suis souvent sentie abandonnée et pas écoutée que ce soit de la part de mon entourage ou des professionnels de santé...

J'ai souvent douté de moi et j'ai très vite culpabilisé...

J'ai souvent eu du mal à gérer les crises de mon enfant et face à ses troubles, je ne savais pas comment réagir...

J'aurais tellement aimé trouver cette personne bienveillante pour me rassurer, calmer mes angoisses et m'aider à surmonter toutes ces épreuves difficiles...

Si chacun pouvait prendre conscience de l'autisme et de toutes ses spécificités.

Si ce récit pouvait changer les mentalités et changer le regard des gens sur cette différence.

Lorsque vous croiserez un parent d'enfant TSA excédé, ne le jugez pas ! Vous ne vivez pas son handicap au quotidien et ce stress permanent alors essayez de comprendre plutôt que de poser directement un jugement.

Ces parents sont avant tout des humains et comme tout humain, ils ont leurs points forts et leurs faiblesses...

Être parent d'un enfant autiste demande beaucoup de courage et de sacrifices. C'est savoir continuellement se remettre en question, apprendre la tolérance et la patience, ne jamais baisser les bras et se battre pour son petit. L'encourager et se réjouir du moindre progrès. C'est l'aimer d'un amour inconditionnel afin qu'il puisse s'épanouir comme n'importe quel enfant.

Heureusement, j'ai appris à surmonter tout cela, et nous allons pouvoir aller de l'avant. Avec le temps, j'ai appris à l'écouter, à le comprendre et à l'accompagner du mieux que je pouvais pour l'aider à évoluer dans cette société. Je sais que ça ne sera pas tous les jours facile pour lui et pour nous, mais nous y arriverons car c'est ce que nous faisons depuis quatre ans.

Il est peut-être différent des autres enfants, mais pour moi, c'est ce qui fait sa beauté. S'il n'était pas porteur de ce handicap, je crois que mon regard serait tout autre.
Il m'a appris à voir la vie et le monde autrement. Et même s'il y a des hauts et des bas, je remercie tous les jours le ciel de m'avoir donné ce petit garçon qui a changé ma vie !

Je ferai tout ce qui est en mon pouvoir pour qu'il ait le meilleur suivi possible, qu'il ait une vie comme tous les petits enfants de son âge et qu'il devienne plus tard un adulte épanoui et accompli. Je me battrai et j'irai où il faut pour l'aider à réaliser ses rêves, car je refuse que ce handicap invisible lui pourrisse la vie !

20

*L*ors d'une réunion de parents d'élèves – car lors de sa rentrée en moyenne section de maternelle, j'avais pris la décision de m'immiscer plus sérieusement dans la vie scolaire de mon fils –, son ATSEM me dit pendant notre discussion que j'étais « admirable ».

Je ne compris pas sur le moment pourquoi elle me disait cela. C'est là qu'elle m'expliqua que beaucoup de parents d'enfants autistes ou handicapés n'osaient pas parler du handicap de leur enfant alors que moi, je n'hésitais pas. J'en parlais très ouvertement alors que beaucoup avaient presque honte d'aborder le sujet.

Je dirais à ces parents que l'autisme ou le handicap de votre enfant quel qu'il soit et sous toutes ses formes mérite d'être abordé.
Notre société est encore bien trop peu informée sur ce sujet et évolue encore au ralenti. Nous, en tant que parents, devrions prendre la responsabilité d'en parler pour diffuser l'information et l'expérience grâce à notre vécu. Parlez-en autour de vous, renseignez-vous un minimum sur le handicap de votre enfant. Vous pourrez ainsi l'aider au mieux, le rassurer et vous, vous gagnerez en savoirs. N'ayez pas peur ou honte d'en parler car si en tant que parent nous ne le faisons pas, qui le fera ?

En France, il est certain que nous manquons gravement de savoirs, de formations, de moyens à ce sujet. Il faut parfois attendre des mois voire des années pour obtenir des diagnostics. Nous n'avons pas assez de structures adaptées, pas assez de personnel formé et il y a encore énormément de progrès à faire. Alors vous, parents, n'attendez pas et n'ayez pas honte de votre enfant !
Lorsque vous décelez un comportement étrange ou des premiers signes, consultez le CAMSP si votre enfant est très jeune ou des centres spécialisés comme le CRA.
Votre enfant a le droit d'être heureux, de grandir et de s'épanouir comme n'importe quel enfant !

Comme tous les enfants de la Terre, votre enfant est une merveille.

Enfin, je terminerai sur ces mots...
Ce ne sont pas ces enfants qui sont « bizarres » et ça ne devrait pas être à eux de s'adapter. C'est plutôt le monde « étrange » et conformiste dans lequel nous vivons qui mériterait d'être amélioré...

Remerciements

Tout d'abord, merci à toi lecteur d'avoir lu « *Je vais bien, pleure pas, maman* ».
J'espère que ce livre a pu t'apporter un peu de réconfort ou tout simplement t'aider à y voir un peu plus clair.

Je tiens à remercier Danièle, ma correctrice pour son formidable travail de relecture et de correction sur cette nouvelle. Ça n'a pas dû être une lecture facile.

Je pense également à ma petite communauté et à toutes les personnes qui m'ont soutenue sur les réseaux sociaux. Vous n'imaginez pas à quel point vos messages d'amour ont été un véritable réconfort le jour où j'ai réellement su pour mon petit et que je l'ai annoncé sur les réseaux.

Enfin, il m'était impossible de terminer ce récit sans remercier toutes ces personnes qui ont eu un impact dans ma vie...

À tous les professionnels de santé du CAMSP d'Arnay-le-Duc (Sylvie G., Aliette R., Marine P., Dr Grimaldi) qui suivent notre fils depuis le début de sa scolarité. Mais aussi à ceux de Dijon qui l'ont vu trois jours pendant ses tests. Merci d'être aussi prévenants. Si tous les professionnels de santé pouvaient être aussi « humains »...

Je remercie aussi la maîtresse de William (Christine T.), qui nous a immédiatement orientés vers ces professionnels, sans oublier toute l'équipe de l'école maternelle publique d'Arnay-le-Duc (En particulier Isabelle, Marie-José, Sylvie, Eliane, Annie...). Merci d'être aussi bienveillantes avec notre petit et de l'aider à grandir comme n'importe quel petit enfant.

À Laury, qui le jour de notre rencontre a été un véritable soutien. Merci pour tes conseils et tes explications. Sans même avoir suivi notre enfant, tu as vu juste dès le début. Tu es une éducatrice spécialisée formidable !

À ma belle-sœur Lucie qui a toujours été très compréhensive face au handicap de William et très douce avec lui. Tu es souvent mon modèle. J'aimerais tellement avoir ta patience avec les enfants.

Je n'oublierai jamais le jour de Noël où tu m'as fait pleurer. Tu t'es approchée de ton petit garçon qui était en train de jouer avec sa voiture et tu lui as posé la question suivante : « *Maman, elle a dit que William il était comment ?* »

Mon neveu a répondu aussitôt : « *William, il est extraordinaire !* »

Je n'ai pu contenir mes larmes à cet instant.

La différence peut parfois faire peur. Et parfois j'ai peur de ce que l'avenir nous réserve... Merci d'inculquer cela à tes enfants. Tu ne sauras jamais à quel point j'étais si touchée d'entendre ces mots car c'est depuis petit que nous devrions apprendre cela à nos enfants.

Et pour terminer, ces quelques mots sont destinés à Clément, mon mari. Merci pour ta patience et ton courage. Certains parents n'auraient pas eu ta force. On a connu des hauts et des bas et pourtant tu n'as jamais lâché. Tu as dû faire énormément de sacrifices et je t'admire pour cela. À présent, je suis certaine que le meilleur est à venir.

Un grand MERCI à tous !

Et comme d'habitude, si ce témoignage vous a touché, n'hésitez pas à laisser votre avis sur Amazon, le site internet www.virginiekzl.com, les plateformes de vente et de lecture.

À bientôt.

Références

https://www.autisme-france.fr

https://www.autismeinfoservice.fr

https://www.inserm.fr/dossier/autisme/

https://www.craif.org/

https://comprendrelautisme.com/le-diagnostic-de-lautisme/les-criteres/le-dsm-5-dyade-autistique/

https://www.urofrance.org/fileadmin/documents/data/FI/2012/hydrocele/hydrocele.pdf

https://www.aroma-zone.com/info/fiche-technique/eau-de-chaux-aroma-zone

https://fr.wikipedia.org/wiki/Eau_de_chaux

https://www.ameli.fr/medecin/exercice-liberal/services-patients/prado

https://naitreetgrandir.com/fr/etape/0_12_mois/viefamille/fiche.aspx?doc=ik-naitre-grandir-maman-depression-postpartum-babyblue

https://www.monparcourshandicap.gouv.fr/scolarite/quest-ce-que-le-geva-sco
https://centre-enfance-et-famille.ch/services-complementaires/profil-sensoriel-de-winnie-dunn

http://www.inforautisme.be/02quoi/depistage_chat.htm

https://comprendrelautisme.com/les-tests/les-echelles-de-vineland/

https://www.enfant-different.org/services-et-etablissements/sessad

https://www.autismeinfoservice.fr/informer/scolarite-soins/ecole-ulis

https://fr.wikipedia.org/wiki/Institut_m%C3%A9dico%C3%A9ducatif